W0075888

Carl-Peter Steinmann

TATORT BERLIN

Erlesene Kriminalfälle

: TRANSIT

INHALT

DER FALL KRANZLER

Kein feiner Herr – der Herr Hofkonditor

Johann Georg Kranzler hatte in Wien den Konditorberuf erlernt, bevor er als Einundzwanzigjähriger im Gefolge des preußischen Kanzlers Hardenberg, als dessen persönlicher Küchenchef, 1816 nach Berlin kam. Nach Hardenbergs Tod erwarb Kranzler in Berlin das Bürgerrecht und eröffnete 1825 an der Friedrichstraße Ecke Behrenstraße eine kleine *Lesekonditorei*.

Das Geschäft lief außerordentlich erfolgreich, so daß Kranzler nach einigen Jahren das an der Ecke Friedrichstraße gelegene Haus Unter den Linden 25 kaufen konnte. Er ließ das alte Gebäude durch den berühmten Baumeister August Stüler aufstocken und vollständig umbauen und eröffnete Ende 1834 das neue, exklusive *Café Kranzler*, das das gesamte Erd- und erste Obergeschoß einnahm. In dem neuen Schlemmerparadies wurde neben österreichischen Kuchenspezialitäten auch russisches Eis serviert. Das Café mit seiner großen Straßenterrasse und dem ersten Rauchsalon in Berlin erwarb sich in den folgenden Jahren einen legendären Ruf und entwickelte sich zu einem Brennpunkt des Berliner Lebens.

In dieser Zeit, in der die wohlhabenden Berliner und die zahlreichen Besucher der Stadt im Caféhaus die Tische umlagerten und köstliche Tortenstückchen vertilgten, lebten nur knapp zwei Kilometer entfernt die Ärmsten der Armen im Vogtland, wie das Gebiet vor dem Hamburger Tor damals hieß. Dort befanden sich in der Gartenstraße 58-60 (heute Nr. 110-115) die sogenannten Wülknitz-schen Familienhäuser, die der Kammerherr von Wülknitz, die grosse Wohnungsnot spekulativ ausnutzend, errichten ließ. In den sechs Häusern, aus minderwertigem Material gebaut, lebten in vierhundert winzigen, meist dunklen Stuben zweitausendfünfhundert Menschen in unerträglicher Enge. In den dreistöckigen Gebäuden waren auch die Keller und die in zwei übereinanderliegenden Reihen angeordneten Dachwohnungen vermietet. Die Häuser unterstanden der Armendirektion, die diese verwalteten und sie den Bedürftigen, meist Familien mit vielen Kindern, zuwies.

Am 22. Juli 1836 teilte der für die Familienhäuser zuständige Armendeputierte Kernbach der Armendirektion mit, daß die Tochter

7

einer Witwe Hagemann in den Familienhäusern als Kupplerin arbeite und mindestens sieben noch schulpflichtige Mädchen dem Caféhausbesitzer Johann Georg Kranzler zugeführt haben soll. Die Mädchen seien mit Versprechungen zu Kranzler in die Wohnung gelockt und von diesem verführt worden.

Die Armendirektion meldete daraufhin den Vorgang der Polizei, die nun Ermittlungen gegen die Kupplerin aufnahm. Am 15. September 1836 unterrichtete die Kriminal-Deputation des königlichen Stadtgerichts die Armendirektion über den Ausgang der Untersuchung:».... daß die unverehelichte Wilhelmine Caroline Hagemann wegen Kuppelei zur Untersuchung gezogen und zu neunmonatlicher Strafarbeit verurteilt worden ist, welche sie in der Straf- und Besserungsanstalt zu Brandenburg abbüßet.«

Da in diesem Schreiben von dem Caféhausbesitzer kein Wort zu finden war, richtete die Armendirektion ein weiteres Schreiben an das Stadtgericht mit der Nachfrage:»was denn mit dem Herrn Kranzler geworden sei«. Am 12. Oktober 1836 gab dann das Antwortschreiben der Kriminal-Deputation Auskunft:».... daß gegen den Conditor Kranzler die Untersuchung wegen Notzucht nicht eingeleitet worden ist, denn nur die unverehelichte Bannack und die zwölfjährige Ganitzki hatten behauptet, daß sie von dem Kranzler mit unwiderstehlicher Gewalt zur Vollziehung des Beischlafs gezwungen worden sind; die Bannack hat aber bei ihrer gerichtlichen Vernehmung jene Behauptung nicht wiederholt, und wenngleich das seitens der Ganitzki geschehen ist, so hat doch von der Eröffnung der Untersuchung abgestanden werden müssen, weil die Eltern der Bannack und Ganitzki auf Untersuchung und Bestrafung Verzicht geleistet haben und, soviel uns bekannt geworden, ein öffentliches Ärgernis nicht stattgefunden hat.«

Aus einem weiteren Bericht der Armendeputierten geht hervor, warum die Eltern so leicht bereit waren, auf die Bestrafung des Caféhausbesitzers zu verzichten. Alle Eltern der von Kranzler zur Unzucht verführten Mädchen hatten:».... jede 10 Thaler von Kranzler erhalten, um wie man sagt, auf Bestrafung zu verzichten«.

Nur die Frau des Arbeiters Bannack wollte, daß Kranzler bestraft werde,»denn ihre Tochter ist bei der Unzucht so gemißhandelt worden, daß sie noch lange blaue Flecken an ihrem Leibe getragen hat ...«. Die Mutter der zwölfjährigen Ganitzki hatte als Einzige eine Abfindung von 200 Reichsthaler erhalten, da sie nicht bereit war, sich von Kranzler mit einer geringeren Summe abspeisen zu lassen.

Die unterschiedliche Höhe der Schweigegeldzahlungen führte zu erheblicher Unruhe in den Familienhäusern, die in einer handgreiflichen Rauferei zwischen den Müttern gipfelte. Da die Armendirektion befürchtete, daß dieses Beispiel Schule machen könnte, wandten sie sich nochmals mit einem Schreiben an das Stadtgericht: »Schon des Beispiels wegen und um fernere Folgen zu verhüten, dürfte eine nachdrückliche Bestrafung des Kranzler gewünscht werden müssen, damit eine so unmoralische Handlung nicht die Geldgier der Armen noch mehr erregt, welche nur zu sehr bereit sind, Geld auf alle mögliche Weise zu lukriren, und gewiß solche Wege verfolgen werden, auf welchen auf so leichte Art für sie Geld zu erwerben ist«.

Das Stadtgericht blieb allerdings der Meinung, daß ein Verfahren wegen Notzucht nicht gerechtfertig sei: »... selbst wenn die Vollziehung des Beischlafs mit unwiderstehlicher Gewalt ein solches öffentliches Ärgernis veranlaßt hat«. Mit dieser letzten Stellungnahme des Gerichts wurde der Fall endgültig zu den Akten gelegt. Johann Georg Kranzler, der weiterhin die königlichen Hoffeste mit seinen selbst hergestellten Kuchenspezialitäten ausstattete, wurde 1852 vom preußischen König zum Hofkonditor ernannt.

DIE SELBSTGEMACHTE WITWE
Die letzte Hinrichtung am Gartenplatz

Der heutige Gartenplatz in Wedding, direkt an der Grenze zum Bezirk Mitte gelegen, wird dominiert von der 1893 im gotischen Stil fertiggestellten St. Sebastiankirche, dem größten katholischen Gotteshaus Berlins. Nichts erinnert mehr daran, daß sich an dieser Stelle zwischen 1753 und 1842 Berlins letzte öffentliche Richtstätte befand, die im Volksmund Galgenplatz, Schinderberg oder Des

Teufels Lustgarten genannt wurde. Auf dem Hochgerichtsplatz wurden zum Tode Verurteilte verbrannt, gehenkt oder gerädert. Der Berliner Galgen stand zunächst innerhalb der Stadtmauer am Neuen Markt. Da sein Anblick aber die schöne Aussicht vom Schloß Monbijou beeinträchtigte, wurde er verlegt auf den heutigen Pappelplatz. Da sich auch dieser Platz nicht als idealer Standort herausstellte – er war für die vielen Schaulustigen zu klein –, entschloß sich die Stadtverwaltung, den Galgen außerhalb der Stadt, vor dem Hamburger Tor, aufzustellen. Ausschlaggebend für die Wahl des Standortes war seine Nähe zur Scharfrichterei, die sich auf dem Gelände des späteren Stettiner- oder Nordbahnhofs befand.

Zwischen Wiesen und Äckern wurde auf einer kleinen Anhöhe ein zwei Meter hoher Sockel in Ziegelbauweise errichtet, auf dem der dreifüßige Galgen aus Holz, mit Eisenblech beschlagen, stand. An einer Säule des Galgens waren die Steckbriefe mit den Namen flüchtiger Bankrotteure und anderer Betrüger angeschlagen. Zur Vollstreckung des Urteils betrat der Henker mit dem Todeskandidaten über eine innenliegende Holztreppe den Sockel. Nach der Hinrichtung blieb der Leichnam des Getöteten bis zwei Monate zur Abschreckung auf dem Richtplatz liegen, bevor er anschließend in unmittelbarer Nähe des Galgen begraben wurde.

Die Hinrichtungen fanden stets unter den Augen von bis zu sechzigtausend Menschen statt und arteten nicht selten in ein makabres Schauspiel aus. Bei der Räderung und anschließenden Verbrennung des Doppelmörders Christian Lenz im Jahr 1790 wurden sogar Speisen und Getränke an die Schaulustigen verkauft. Auch die an den Platz grenzenden Äcker wurden mehrfach durch die heranströmenden Menschenmengen verwüstet, die sich auch durch ein großes Aufgebot von Polizei und Gendarmen nicht abschrecken ließen.

Als im Jahr 1813 das Gericht den Mordbrenner Peter Horst und seine schöne Komplizin, die junge Friederike Delitz, zum Tod auf dem Scheiterhaufen verurteilte (es war die letzte Verbrennung in Preußen), da reichte der Platz für das zu erwartende Publikum noch nicht einmal aus. Man wählte deshalb ein großes freies Gelände an der Jungfernheide unweit der Feldmarkgrenze des Vorwerks Wedding. Dieser Platz war nicht nur größer, er lag auch weit entfernt von Kolonistenhäusern, so daß keine Gefahr bestand, daß bei starkem Wind Funken womöglich ein Gebäude in Brand setzen konnten. Am 2. März 1837 fand Berlins letzte öffentliche Hinrichtung auf dem Galgenplatz statt. Auch diesmal hatten sich Volksmassen eingefunden, um bei der Räderung einer Mörderin dabei zu sein. Die zweiundvierzigjährige Witwe Charlotte Sophie Henriette Meyer, geborene Heidenreich, war vom Gericht nach mehrtägiger Verhandlung zum Tode verurteilt worden, da sie sich selbst zur Witwe gemacht hatte.

Im Januar 1837 hatten Hausbewohner den Viktualienhändler Lebrecht Meyer aus der Neuen Friedrichstraße 23 mit durchschnittener Kehle in seinem Bett aufgefunden. Seine daraufhin verhaftete Ehefrau leugnete anfangs die Tat, bis sie nach mehrstündigem Verhör durch die Polizei den Mord gestand. Nach ihren eigenen Aussagen war ihre Ehe schon lange gestört, da ihr Ehemann ein Trinker war, der sie und ihre Tochter häufig durch Schläge mißhandelt hatte. Weil sie diesen Zustand nicht länger aushielt, durchschnitt sie dem tief schlafenden Ehemann des Nachts die Kehle mit einem Schlächtermesser. Die neunzehnjährige Tochter soll bei dieser Bluttat der Mutter die Lampe gehalten haben.

Das Gericht fand in der Verhandlung heraus, daß der wahre Beweggrund zu dem Mord darin bestanden haben soll, daß die »lüderliche Frau« Henriette Meyer schon seit längerer Zeit einen Liebhaber hatte, den sie nach dem Mord und einer angemessenen Trauerzeit heiraten wollte. Daß sie die Mordwaffe wenige Tage zuvor von einem Messerschleifer auch noch schärfen ließ, betrachtete das Gericht als einen deutlichen Vorsatz zur Tat. Die »selbstgemachte« Witwe wurde daraufhin verurteilt »mit dem Rade von unten herauf vom Leben zum Tode«. Diese Todesart war an Grausamkeit nicht mehr zu überbieten und galt zu dieser Zeit als Höchststrafe.

Henriette Meyer wurde unter dem Galgen liegend auf dem Richtplatz angepflockt. Dann erschien der Henker mit einem großen, schweren Wagenrad, das er nun hochhob und mit großer Wucht auf den Körper der Frau hinabfallen ließ. Angefangen bei den Füßen, endend beim Kopf, wurden so alle Knochen regelrecht zerschmettert. Das Urteil »von unten nach oben« war deshalb so grausam, da der Mensch enorme Schmerzen ertragen mußte, bevor endlich der Tod eintrat.

Allerdings, aber das wußte das gaffende Publikum nicht, hatte Friedrich der Große, der diese Todesqualen für unmenschlich hielt, bereits 1749 eine Geheimorder erlassen, nach der jeder zum Rädern Verurteilte zuvor, vom Publikum unbemerkt, vom Henker erdrosselt werden sollte.

1841 verfügte eine Kabinettsorder, daß auf öffentlichen Plätzen keine Hinrichtungen mehr durchgeführt werden sollten. Hinrichtungen fanden aber weiterhin statt, allerdings nur noch in den Gefängnishöfen von Plötzensee und dem späteren Zellengefängnis in der Lehrter Straße. Obwohl das Kammergericht das Fortbestehen des Hochgerichtsplatzes verlangte, wurde er mit Galgen 1842 abgerissen. Ein Webermeister kaufte den Galgen samt Sockel und errichtete aus dem Material ein kleines Wohnhaus in der Ackerstraße.

GOTT SEI DANK
Zwei Attentate auf den Kaiser

Wer sich, obwohl es sich eigentlich nicht lohnt, den heutigen Weddingplatz an der Müllerstraße etwas genauer anschaut, dem fällt vielleicht der Bau der 1972 wieder aufgebauten Dankeskirche auf. Mit dem Namen der Kirche können vermutlich die wenigsten etwas anfangen, darum sei an dieser Stelle nur bemerkt, daß hier nicht etwa dem Architekten gedankt wird, der für diesen Betonklotz verantwortlich ist.

Zwischen 1882 und 1884 wurde nach Plänen des Kirchenbaumeisters August Orth an dieser Stelle eine stattliche Kirche errichtet. Auf kreuzförmigen Grundriß entstand ein Ziegelbau, außen verblendet mit Siegersdorfer Klinkern und versehen mit schlankem Turm. Als Schmuckelemente fanden Terrakotten aus der March'schen Fabrik in Charlottenburg Verwendung.

Anläßlich ihrer Einweihung erhielt das Gotteshaus den Namen Dankeskirche, da man Gott mit diesem Kirchenbau dafür danken wollte, daß Kaiser Wilhelm I. im Jahr 1878 zwei Attentate innerhalb von drei Wochen fast unbeschadet überlebt hatte.

Der erste Anschlag auf das Leben des schon einundachtzigjährigen Monarchen fand am 11. Mai 1878 statt, als dieser, während seiner täglichen Ausfahrt in offener Kutsche, die Straße Unter den Linden entlangfuhr. An seiner Seite saß an diesem Vormittag seine Tochter, die Großherzogin von Baden. Plötzlich fielen aus der Richtung der russischen Botschaft drei Schüsse, die aber sämtlich ihr Ziel verfehlten. Der noch am Tatort festgenommene Attentäter erwies sich als der seit längerem arbeitslose Schreiner Emil Max Hödel.

Hödel wurde von Zeugen als politischer Wirrkopf bezeichnet. In seinen Taschen fand die Polizei neben der Tatwaffe, einem Revolver, einige Mitgliedsausweise sozialdemokratischer Vereine. Allerdings wurde auch ein Flugblatt des von Adolf Stoecker ein Jahr zuvor gegründeten antisozialistischen *Zentralvereins für Sozialreform* gefunden.

Die über das Attentat aufgeregt berichtende Presse vertrat überwiegend die Meinung, daß hinter Hödels Mordanschlag eine Verschwörung der Sozialdemokratie stünde. Ohne ordentlichen Gerichtsprozeß wurde der Attentäter Hödel kurz darauf im Moabiter Zellengefängnis in der Lehrter Straße hingerichtet.

Nur knapp drei Wochen später, am 2. Juni 1878, wurden abermals Schüsse auf den Monarchen abgegeben, und wieder war der Ort des Attentats die Straße Unter den Linden. Diesmal war der Täter ein stellungsloser Akademiker, Karl Eduard Nobiling, der mit einer Schrotflinte aus einem Fenster des Hauses Unter den Linden 18 auf den Kaiser feuerte. Von fast dreißig Schrotkugeln an Kopf und Armen schwer verletzt, brach der Monarch in der Kutsche zusammen. Der Attentäter Karl Eduard Nobiling richtete unmittelbar nach der Tat die Waffe gegen sich und erschoß sich.

Obwohl bei beiden Vorfällen die politischen Hintergründe völlig unklar blieben, wurden die Taten den Sozialdemokraten angelastet, was mit dazu beitrug, daß am 21. Oktober 1878 das »Gesetz gegen die gemeingefährlichen Bestrebungen der Sozialdemokratie« in Kraft trat. Das *Sozialistengesetz* verbot Versammlungen und Vereinigungen, »die durch sozialdemokratische, sozialistische oder kom-

munistische Bestrebungen den Umsturz der bestehenden Staats-
oder Gesellschaftsordnung bezwecken«.

Von diesem Gesetz schwer betroffen waren nicht nur die *Sozialistische Arbeiterpartei* und die freien Gewerkschaften, sondern auch
die ihnen nahestehenden Presseorgane. Die Zeitungen *Vorwärts*
und *Berliner Freie Presse* wurden mit sofortiger Wirkung verboten.

Die Dankeskirche, erbaut als Demonstration der Kaisertreue mitten im damals schon roten Wedding, war sechzig Jahre lang die Zier-
de des Weddingplatzes, bis sie 1944 durch Bomben zerstört wurde.

OTTO WITTE
Der König von Albanien

Im Mai 1956 stand vor der Großen Jugendschutzkammer des
Landgerichts Berlin der neunundsiebzigjährige Otto Witte, ange-
klagt wegen eines Sittlichkeitsverbrechens an einem Mädchen, vor
Gericht. Die schwerwiegende Anklage will so gar nicht zu dem
älteren Herren passen, der auf der Anklagebank Platz genommen
hatte. Schlank, groß gewachsen, vom Alter etwas gebeugt, mit
schon zittrigen Händen, saß er in einem abgetragenen Mantel dem
Richter gegenüber und beantwortete mit leiser Greisenstimme dessen Fragen.

Die ihm vorgeworfene Strafsache – er hatte ein junges Mädchen
ohne Erlaubnis der Eltern mit auf eine Zirkustournee genommen –
lag schon Jahre zurück. Nach der Befragung des Mädchens, inzwischen war sie siebzehn Jahre alt, klang alles schon etwas harmloser.
Als Vierzehnjährige wollte sie unbedingt zum Zirkus, um Artistin
zu werden, womit ihre Eltern allerdings nicht einverstanden waren.
Sie hatte daraufhin den als Zauberer auftretenden Otto Witte nach
einer Vorstellung gefragt, ob er nicht eine Assistentin brauchen
könnte und hat dabei wohl ihr wahres Alter etwas verschleiert. Da
sie Witte erzählt hatte, daß ihre Eltern von ihrem Vorhaben wüß-
ten, nahm er sie als Bühnen-Assistentin mit auf Tournee.

Die Eltern wußten von den Plänen ihrer Tochter natürlich überhaupt nichts. Als die Tochter eines Tages verschwunden blieb, mel-

deten sie das Kind voller Sorgen als vermißt. Nach einigen Wochen schrieb die Tochter den Eltern einen Brief, in dem sie beichtete, daß sie mit einem Wanderzirkus unterwegs sei, es ihr gut ginge und sie sich um sie keine Sorgen machen sollten. Den Namen des Zirkus erwähnte die Tochter nicht, aber der Poststempel gab Auskunft, in welchem Gebiet sich der Zirkus aufhielt. Die immer noch besorgten Eltern benachrichtigten die Polizei, worauf diese entsprechende Nachforschungen anstellte und zwei Tage später die Tochter wohlerhalten in die elterliche Wohnung zurückbrachten.

Das Gericht hatte nun die Frage zu klären, ob Witte das Mädchen zum Verlassen der Eltern aufgefordert hatte oder ob die Initiative von ihr ausging. Außerdem stand natürlich auch noch die Frage im Raum, ob die Beziehung zwischen beiden über die Arbeit als Assistentin hinausgegangen war. Das Mädchen beantwortete die Fragen klar zu Wittes Gunsten, worauf der Richter fortan etwas milder gestimmt war. Er befragte nun Witte nach seinem beruflichen Werdegang.

Freimütig begann Otto Witte aus seinem langen, aufregenden Leben zu erzählen. Seine Geschichte hat den Richter offenbar so gefesselt, daß er den alten Herrn kaum in seinen ausführlichen Schilderungen unterbrach.

Wittes Eltern waren Schausteller, die ihr gesamtes Leben mit einem Wanderzirkus unterwegs waren. Bis zu seinem achten Lebensjahr wuchs der Sohn bei den Großeltern in Berlin auf, dann nahmen ihn die Eltern mit auf die Reise, die bis in sein hohes Alter hinein nie ein Ziel finden sollte und ihn durch alle Erdteile und Länder führte. Sein Vater brachte ihm in den folgenden Jahren alle Künste bei, die ein Zirkuskind beherrschen muß: Zaubern, Wahrsagen, Degenschlucken und Tierdressur. Nur Lesen und Schreiben konnte er seinem Sohn nicht beibringen, da er es selbst nie beherrschte. Otto Witte lernte sehr schnell und stand schon ein Jahr später mit einer eigenen Dressurnummer im Tigerkäfig.

An seinem vierundzwanzigsten Geburtstag gastierte der Zirkus am Hofe Meneliks II., des Negus von Abessinien. »Und wie ich bei Menelik meine Kunststücke machte«, erzählte Witte dem Richter, »da guckte mich die Prinzessin immer an und ich sie. Und als ich sie abends im Park zufällig traf, da fragte ich, ›Frollein, wo woll'n Se denn hin?‹. Sie sagte: ›Spazierengehen‹, und ich ging mit ihr spazieren.«

Witte verliebte sich in die hübsche Prinzessin. In der Nacht vor der Weiterreise verließ er den Zirkus, um mit ihr gemeinsam zu fliehen. Einige Tage später ergriff Meneliks Garde das junge Paar in Somaliland. Während die Prinzessin in den Königspalast zurückgebracht wurde, sperrte man Witte in das Stadtgefängnis von Addis Abeba. Vermutlich hätte er dort sehr lange bleiben müssen, wenn ihm nicht nach einigen Wochen durch die gezielte Unachtsamkeit eines Wärters die Flucht aus der Zelle geglückt wäre.

Von nun an zog Otto Witte als Abenteurer kreuz und quer durch Afrika. Er verdiente seinen Lebensunterhalt mal als Tierfänger in Kenia, mal als Wüstenpolizist in der Sahara oder als Fremdenführer in Jerusalem. Von Tunis aus fuhr er anschließend mit dem Schiff nach Marseille, wo er sich als Freiwilliger bei der Fremdenlegion meldete. Das Leben in der Legion war ihm aber zu hart und ungemütlich, so daß er nach einigen Monaten desertierte, um als blinder Passagier auf einem Frachter nach Südamerika zu fahren.

Fast drei Jahre durchstreifte er den Kontinent von Feuerland bis Caracas, bevor er wieder in Europa auftauchte. Ruhelos zog es ihn durch alle Länder, immer auf der Suche nach Abenteuern. In der Schweiz lernte Witte Lenin kennen,»Gott, war der zerlumpt«. Dann zog es ihn wieder ans Mittelmeer, wo er für einen Zierfischexporteur als Taucher arbeitete, um interessante Fische und Pflanzen aus dem Meer zu holen. Eine seiner nächsten Stationen war die Türkei, wo er für ein Reisebüro in Konstantinopel als Fremdenführer arbeitete. Seine Aufgabe bestand hauptsächlich darin, wohlhabende Reisende und Expeditionen in das Gebirge zu begleiten und aufzupassen, daß sie dabei nicht von Räubern gefangengenommen würden. Da das Reisebüro für das Leben und Wohlergehen der Kunden haftbar war, hätte es eventuelle Lösegeldforderungen an die Räuber bezahlen müssen.

1912 trat Otto Witte in die türkische Armee ein, wo er es innerhalb eines Jahres bis zum Major bei der türkischen Spionageabwehr brachte. Als er in einer Zeitung das Bild des türkischen Prinzen Halim Eddin sah und las, daß dieser in Kürze zum König von Albanien gekrönt werden sollte, kam ihm eine unglaubliche Idee. Denn das Bild, das Witte in der Zeitung sah, ähnelte ihm selbst so sehr, daß dieser ohne weiteres sein Zwillingsbruder hätte sein können. »Der war bloß ein bißchen gelber, sonst sah er genauso aus wie ich.«

Witte quittierte am nächsten Tag seinen Dienst und machte sich gemeinsam mit einem Begleiter von Konstantinopel nach Albanien auf. Unterwegs besorgten sie sich farbenprächtige Phantasieuniformen und kündigten mit zwei Telegrammen die bevorstehende Ankunft des künftigen Königs in Albanien an. Am 13. Februar 1913 erreichten die beiden Durazzo, die damalige Hauptstadt, am Adriatischen Meer.

Tausende jubelnder Albaner säumten die Straßen, als der zukünftige Monarch gekonnt die königliche Ehrengarde abschritt. Schon am nächsten Tag fand dann in einem großen Festakt die feierliche Krönungszeremonie statt. In den folgenden Tagen gab der neue König zahlreiche Empfänge, große Festessen und nahm Militärparaden ab. Witte wußte genau, daß sein Gastspiel nur von kurzer Dauer sein konnte, da nach fünf Tagen der echte Halim Eddin auftauchen mußte. Am Morgen des fünften Tages floh er rechtzeitig mit seinem Begleiter, beide verkleidet als Bettler, aus Durazzo. »Ich hatte ja die Macht in der Hand. Ich hätte mich mit meinen Truppen wehren können, aber das Blutvergießen wollte ich vermeiden.«

Seit 1918 lebte Otto Witte vornehmlich wieder in Berlin. Er arbeitete einige Zeit als Abdecker, dann wieder als Schausteller auf Rummelplätzen, wo er in der Uniform des Königs von Albanien in der Schießbude stand. Danach kaufte er eine Obstplantage am Rande Berlins, die aber nichts einbrachte, da Witte sich auf diesem Gebiet zu wenig auskannte. Anschließend wurde es einige Zeit ruhig um ihn, da er sich nach der Pleite mit der Plantage den Lebensunterhalt als Hausierer verdienen mußte.

Schon bald hatte er aber wieder eine neue Idee, die ihn zurück ins Rampenlicht brachte. Witte, der sich bis dahin nie sonderlich um Politik gekümmert hatte, gründete die »Partei des Mittelstandes, der Bauern, Kleinhändler und Schausteller«. Diese neue Partei zählte bald über 100 000 Mitglieder und Witte sollte 1925 als Kandidat für die Reichspräsidentschaftswahlen aufgestellt werden. »Aber dann habe ich zugunsten Hindenburgs verzichtet«, sagte Witte.

Besonders stolz berichtete Witte vor Gericht, wie er 1934 im Hamburger *Alkazar* in der Revue *Fünf Tage König* vor »Hunderttausenden« sich selbst gespielt hatte. Als Titelheld in so einer bunten Revue viele Wochen lang aufzutreten, das war für ihn eines der schönsten Erlebnisse seines aufregenden Lebens.

Nachdem Otto Witte mit seiner Lebensbeschreibung geendet hatte, zog sich das Gericht zur Beratung zurück. Als der Vorsitzende anschließend das Urteil »Freispruch« verkündete, war ein von Erleichterung geprägtes Stöhnen des Angeklagten vernehmbar. Der Richter gab Otto Witte noch einige Ermahnungen mit auf den Weg, und dieser verließ tief gebeugt, mit kleinen Schritten, gestützt auf seinen Krückstock, den Saal.

MATA HARI
Zwischen Schleiertanz und Spionage

Margaretha Gertrude Zelle wurde am 7. August 1876 in der holländischen Provinzhauptstadt Leeuwarden geboren. Ihr Vater Adam Zelle, von Beruf Hutmacher mit einem eigenen florierenden Geschäft, zählt zu den Honoratioren der 27 000 Einwohner zählenden Stadt. Die Familie könnte sehr gut von dieser Existenz leben, wenn der Vater das mühsam verdiente Geld nicht schneller ausgeben würde, als er es einnimmt.

Er überhäuft seine Lieblingstochter mit Geschenken und kleidet sie wie eine Prinzessin. Die kleine Margaretha ist bald stadtbekannt, da sie als einziges Kind einen viersitzigen Wagen besitzt, der von mehreren Ziegen gezogen wird und mit dem sie durch die engen Gassen Leeuwardens fährt. Dieser »bokkewagen«, den ihr der Vater zum sechsten Geburtstag geschenkt hat, erregt viel Aufsehen in der eher ärmlichen Stadt und viel Neid bei den gleichaltrigen Kindern.

Margaretha sieht überhaupt nicht wie die anderen holländischen Kinder aus. Mit ihrer bernsteinfarbenen Haut, schwarzen Haaren und dunklen großen Augen, könnte man denken, daß sie in tropischem Klima aufgewachsen ist und nicht im kühlen Friesland. Adam Zelle bringt seine Tochter im feinsten Mädchenpensionat der

Gegend unter, obwohl die Kosten dafür seine finanziellen Mittel weit übersteigen. Das luxuriöse Leben der Familie endet 1889 im Konkurs. Der Vater, der sein Scheitern nicht erträgt, beginnt zu trinken und verläßt bald darauf die Familie im Streit. Zwei Jahre später stirbt nach längerer Krankheit Margarethas Mutter. Die Fünfzehnjährige zieht zu einer Tante nach Leyden, wo sie eine Ausbildung als Kindergärtnerin beginnt, die sie aber bald wieder abbricht, da der Internatsleiter ihr angeblich nachstellt. Streit mit der Tante, die mit dem verzogenen und frühreifen Mädchen nicht klarkommt, führt dazu, daß Margaretha zu einem Onkel nach Den Haag zieht. Dort verbringt sie die folgenden Jahre.

Wenige Wochen nach ihrem neunzehnten Geburtstag liest sie in der Lokalzeitung *Het Nieuws van den Dag* eine Heiratsannonce: »Hauptmann aus Indien, auf Urlaub in Holland, sucht passende Frau, auch ohne Vermögen.« Margaretha antwortet auf die Anzeige und legt dem Schreiben eine Fotografie von sich bei. Nur wenige Tage später kommt es zu einem ersten Treffen.

John Rudolf MacLeod, ein Holländer schottischer Abstammung, ist Kolonialoffizier der niederländischen Ostindien-Armee. Nach siebzehn Jahren Aufenthalt in den Tropen nutzt er einen Genesungsurlaub, um erstmals wieder sein Heimatland zu besuchen. Mit seinen neununddreißig Jahren ist er ein stattlicher Mann, hochgewachsen, kräftig, mit blaugrauen Augen und einem gepflegten Schnurrbart.

MacLeod sucht eine hübsche junge Frau, Margaretha einen Mann, der ihr Sicherheit bieten kann. Nur sechs Tage nach ihrem ersten Rendezvous verloben sich die beiden, und am 13. Juli 1895 wird aus Margaretha Zelle Frau MacLeod. Aber schon auf der Hochzeitsreise, die sie ins Modebad Wiesbaden führt, entdecken die Frischvermählten, daß sie nicht zusammenpassen. Der stattliche Offizier ist zuckerkrank, leidet an Rheuma und zeigt sich häufig sehr launisch. Seine junge Frau will ihr Leben genießen, läßt sich gern von anderen Männern umwerben, und verhält sich so, als ob sie unverheiratet wäre. Sie beginnt außerdem mehr Geld auszugeben, als es das Einkommen eines Hauptmanns zuläßt.

Johns Erholungsurlaub nähert sich dem Ende, als Margaretha im Januar 1897 einen Sohn zur Welt bringt, der auf den Namen Norman getauft wird. Im Mai verläßt die Familie MacLeod an Bord der *Prinses Amalia* Holland in Richtung Java. Es folgt ein Leben als Offiziersgattin in der vornehm langweiligen Treibhausatmosphäre einer Kolonialgarnison. Die Stationierungsorte wechseln, verbunden mit Auszeichnungen und Beförderungen für den erfolgreichen Offizier. 1898 bringt Margaretha ein Mädchen, Jeanne Louise, zur Welt. Aber auch die zweite Mutterschaft bringt die beiden einander nicht näher.

Die Ehekrisen häufen sich und enden oft darin, daß der Offizier seine lebenshungrige Ehefrau schlägt. Um Abstand vom grauen Ehealltag zu gewinnen, beginnt Margaretha den Tanzstil indischer Tempeltänzerinnen zu studieren. Zur Empörung der anderen europäischen Offiziersgattinnen kleidet sie sich nun nach der Art der Eingeborenen und läßt sich Mata Hari nennen. Die beiden malaiischen Worte bedeuten so viel wie Auge der Morgenröte, in der Landessprache wird so die Sonne genannt.

Als der gemeinsame Sohn qualvoll an einer Vergiftung stirbt, hält Margaretha nichts mehr bei ihrem Ehemann. Sie verläßt Java, um nach ihrer Ankunft in Holland die Scheidung einzureichen.

Schon auf Java hatte sie beschlossen, sich nach ihrer Rückkehr in Paris niederzulassen, um dort Tänzerin zu werden. Sie ist sechsundzwanzig Jahre alt, als ihr neues Leben beginnt. Allerdings muß sie bald feststellen, daß dieser Neuanfang nicht leicht wird.

1903 irrt sie ohne feste Bleibe durch die Pariser Malerateliers, um eine Anstellung als Aktmodell zu finden. Die meisten Maler, die sie fragt, zeigen sich nicht sehr interessiert, da sie Margaretha nicht besonders wohlgeformt finden. Der impressionistische Maler Guillaumin äußert sich nicht sehr galant, als sie erstmals nackt vor ihm steht: »Schöne Schultern, schöne Arme, wunderschöne Beine, aber was für eine teigige Brust!« Er bietet ihr an, daß sie für Kopfstudien Modell bei ihm sitzen kann, was aber nur sehr schlecht bezahlt wird. Enttäuscht reist sie daraufhin nach Holland zurück.

1904 kehrt sie mit einem ausgereiften Plan nach Paris zurück, fest dazu entschlossen, die Stadt im zweiten Anlauf zu erobern. Als Lady MacLeod steigt sie im vornehmen *Grand Hotel* ab, wo sie sich gut gekleidet und mit aristokratischem Auftreten unter das erlesene Publikum mischt. Sie setzt auf die Sensationslust und Leichtgläubigkeit der Snobs. Sie erzählt, daß sie ihre Kindheit als Tochter einer indischen Priesterin in den Tempeln des Gottes Schiwa verbracht hat, wo sie als Tempeltänzerin zur Erbauung der Götter ausgebildet wurde. Vor ihrem Ehemann, einem englischen Adligen, habe sie fliehen müssen, da dieser sie mit seiner krankhaften Eifersucht verfolgte und gedroht hätte, sie umzubringen. Diese abenteuerliche Geschichte variiert sie häufig, je nachdem, wie sie das ihr zuhörende Publikum einschätzt.

Auf inständiges Bitten und gegen hohes Honorar tritt sie nun häufig auf Privatveranstaltungen auf, wo sie den indischen Schleiertanz zelebriert, und nach dem Ritual dieses heiligen Tanzes nach und nach alle Schleier abwirft, bis sie zum Schluß ihren Körper gänzlich nackt, der Gottheit wie dem zahlenden Publikum, darbietet. Die Zuschauer sind begeistert von der geheimnisumwitterten Frau und ihrer tänzerischen Darbietung. Lady MacLeod wird zum Geheimtip der noblen Pariser Gesellschaft.

Margaretha lernt nach einem erfolgreichen Auftritt den Industriellen und Kunstsammler Emile Guimet kennen, der es sich leisten kann, in Paris ein Museum für orientalische Kunst zu unterhalten. Er läßt für sie extra einen Raum des Museums als Tempel umgestalten, der den Rahmen für einen großen Auftritt bietet. Am 13. März 1905 präsentiert sich Margaretha dort zum ersten Mal als Mata Hari. Nach drei Tänzen, die sie an diesem Abend mal ätherisch, mal wollüstig darbot, lag ihr das Publikum zu Füßen.

Ihr Förderer hatte an diesem Abend zahlreiche Journalisten eingeladen, die nun in den Zeitungen über die Tänzerin mit der außergewöhnlichen Lebensgeschichte berichten. Über Nacht wird sie zum Star. Nur fünf Monate nach ihrem ersten öffentlichen Auftritt steht sie im renommierten *Olympia* an mehreren Abenden hintereinander auf der Bühne. Alle Vorstellungen sind ausverkauft.

Mit dem außergewöhnlichen Erfolg steigern sich ihre Gagen, so daß sie sich bald eine Luxuswohnung in der Rue Balzac 3, in bester Pariser Wohngegend, leisten kann. Egal wieviel Geld Margaretha auch verdient, sie gibt es sofort mit beiden Händen wieder aus.

Nach den großen Erfolgen in Paris begibt sie sich auf Europa-Tournee. Die erste Station ist Monte Carlo, der Treffpunkt der Schönen und Reichen. Dort lernt sie auch Giacomo Puccini kennen, der von ihr, wie viele andere Männer auch, begeistert ist. Als gefeierte indische Tempeltänzerin erobert Mata Hari in kürzester Zeit alle großen Bühnen Europas und wird zum Schönheitsideal der Belle Epoque. In Wien füllt Mata Hari die Klatschspalten der Zeitungen, als sie erstmals vor großem Publikum nackt erscheint – ein zelebrierter Skandal, der sie noch berühmter macht, als sie es ohnehin schon ist.

1906 tritt sie erstmals in Berlin auf. Sie verliebt sich gleich am ersten Tag ihres Aufenthalts in den märkischen Großgrundbesitzer und Husarenleutnant Alfred Kiepert, der ihr eine Wohnung in der Nachodstraße 39 (heute Nr. 18) in Wilmersdorf einrichtet. Für einige Monate zieht sie sich von der Bühne zurück und lebt mit dem jungen Leutnant sehr zurückgezogen in Berlin. Alfred Kiepert möchte, daß sie in Berlin bleibt, aber Margaretha will finanziell unabhängig bleiben und ihre Karriere unbedingt fortsetzen.

Zwei Jahre dauert diese erste Tournee, von der sie Ende 1907 nach Paris zurückkehrt. Obwohl sie sehr viel Geld in dieser Zeit verdient hat, konnte sie trotzdem mehrfach ihre Hotelrechnungen nicht bezahlen, da ihr ungezügelter Lebensstil Unsummen verschlang. Hatte sie in den vergangenen drei Jahren erlebt, wie kometenhaft ein Stern am Bühnenhimmel aufsteigen kann, so spürt sie nun, wie schnell dieser Ruhm auch wieder verblaßt: in Paris hatte man sie in der Zwischenzeit fast vergessen. In ihrer Abwesenheit hatten andere Tänzerinnen Karriere gemacht und auch ihren Tanzstil kopiert. Mata Hari schreibt an Richard Strauss flehend:»Nur ich kann die *Salomé* tanzen«, doch dieser drückt sein Desinteresse dadurch aus, daß er auf ihr Schreiben gar nicht erst antwortet.

So kommt es ihr ganz gelegen, daß der wohlhabende Pariser Bankier Xavier Rousseau sie ganz für sich alleine haben will. Er stellt ihr sein Jagdschloß de la Dorée im Herzen der Touraine, zweihundertfünfzig Kilometer von Paris entfernt, als exklusiven Wohnsitz zur Verfügung. Da er verheiratet ist, besucht er sie nur an den Wochenenden. Margaretha nimmt das Angebot an, kann aber die Abhängigkeit von ihrem Gönner nicht lange ertragen. Nach achtzehn Monaten kehrt sie wieder nach Paris zurück.

Margaretha ist fest entschlossen, wieder erfolgreich auf die Bühne zurückzukehren. Da zur damaligen Zeit spanische Tänze beim

Publikum besonders in Mode sind, tanzt sie nun als heißblütige Spanierin und setzt sehr stark auf ihre erotische Ausstrahlung. Es gelingt ihr, das Publikum wieder zurückzugewinnen und an die alten Erfolge anzuknüpfen. Anfang des Jahres 1912 kann sie die bisherigen Höhepunkte ihrer Bühnenkarriere noch übertreffen, als sie von der Mailänder *Scala*, dem berühmtesten Opernhaus der Welt, engagiert wird. Sie tanzt in der Oper *Armida* von Christoph Willibald Gluck die Rolle der Venus. Obwohl sie keine klassische Ballettausbildung hat, meistert sie ihren Auftritt bravourös.

1914 kommt Margaretha wieder nach Berlin, um hier in einem ägyptischen Ballett aufzutreten. Sie bezieht in der Nähe des Kurfürstendamms eine luxuriöse Wohnung, und wieder ist es Alfred Kiepert, der Leutnant des 11. Westfälischen Husarenregiments, der die Mietzahlungen übernimmt. Der Vertrag mit dem *Metropol-Theater* ist bereits unterschrieben, als vier Wochen vor der geplanten Premiere der Erste Weltkrieg ausbricht und die Theater auf nicht absehbare Zeit geschlossen werden.

Als Deutschland am 3. August 1914 Frankreich den Krieg erklärt, fühlt sich Margaretha in Berlin nicht mehr wohl. Sie will so schnell wie möglich die Stadt verlassen, um über die Schweiz zurück nach Frankreich zu reisen. Da ihre Papiere nicht in Ordnung sind, scheitert der Versuch bereits an der Schweizer Grenze und sie muß nach Berlin zurückkehren. Für Margaretha ist dieser Krieg verheerend. Sie kann weder auftreten noch frei durch Europa reisen.

Anläßlich einer privaten Gesellschaft wird sie in Berlin einem Oberst Nicolai vorgestellt, ohne zu diesem Zeitpunkt zu wissen, daß er Leiter der Spionageabteilung im deutschen Generalstab ist. Nach einigen Monaten erhält Margaretha endlich ein Visum für ihr Heimatland Holland und verläßt Berlin.

In Holland finanziert sie ein neuer Liebhaber, der wieder ein verheirateter Bankier ist. Doch sie will wieder ihr eigenes Geld verdienen und versucht es mit achtunddreißig Jahren nochmals als Tänzerin. Am 14. Dezember 1914 steht sie am *Königlichen Theater* in Den Haag zum letzten Mal auf einer Bühne. Ihre Rückkehr nach Holland hatte großes Aufsehen erregt, viele wollten die skandalumwitterte Mata Hari nochmals auf der Bühne sehen. Die Leute werden aber enttäuscht, da sie den Tanz der sieben Schleier tanzt, aber nicht, wie zuvor üblich, alle Schleier fallen läßt. Nach dieser Aufführung findet sie kein Engagement mehr, so daß 1915 ihre Geldsorgen größer werden. Margaretha ist bewußt, daß ihre tänzerische Karriere dem Ende zugeht. Sie wird bald vierzig, braucht Geld und will auch in Zukunft nicht auf die von ihr erfundene Kunstfigur Mata Hari verzichten. So kommt sie auf den abenteuerlichen Gedanken, Spionin zu werden, da sie annimmt, daß sie auf Geheimdienstkosten weiterhin durch Europa reisen könnte. Wenn es ihr gelänge, die größte Agentin des Jahrhunderts zu werden, dann wäre ihre Legende unzerstörbar.

Im Frühjahr 1916 trifft sie sich im Kölner *Domhotel* mit deutschen Geheimdienstoffizieren. Den Kontakt zum Geheimdienst hatte Konsul Cramer, der Presseattaché des deutschen Konsulats in Den Haag, für Margaretha arrangiert. Der Leiter der Spionageabteilung im deutschen Generalstab, Oberst Nicolai, ist an Mata Hari interessiert und will sie als Informantin einsetzen, da sie über gute Kontakte in Frankreich verfügt.

Einige Tage nach der Zusammenkunft in Köln kommt es zu einem zweiten Treffen in Frankfurt. Oberst Nicolai bietet Mata Hari an, ihre Schulden zu bezahlen, wenn sie bereit ist, für den deutschen Geheimdienst als Agentin zu arbeiten. Außerdem werden ihr zwanzigtausend Francs als Vorschuß angeboten. Als Gegenleistung soll sie viel reisen, Kontakte zu Diplomaten und Militärs pflegen und die dabei gehörten Details dem Geheimdienst melden. Man teilt ihr streng vertrauliche Adressen mit, bei denen sie sich in bestimmten Situationen melden muß, und gibt ihr den Codenamen Agent H 21. Margaretha lernt Meldungen mit Geheimtinte abzufassen und verborgene Nachrichten wieder sichtbar zu machen. Über die Tragweite ihrer Entscheidung ist sie sich zu diesem Zeitpunkt vermutlich nicht bewußt.

Margaretha soll zuerst nach Frankreich reisen. Da Belgien von den Deutschen besetzt ist, soll sie, um nach Paris zu gelangen, über England fahren. Die Deutschen stellen ihr ein Visum aus, aber die Briten verweigern ihr ohne Nennung von Gründen die Durchreise. Vermutlich ist Scotland Yard bereits auf sie aufmerksam geworden. So muß Margaretha eine umständliche Schiffsreise über Spanien auf sich nehmen.

In Paris angekommen steigt sie im *Grand Hotel* ab, wo sie auf der Suche nach einem Kavalier einen russischen Offizier kennenlernt, der auf Genesungsurlaub in der Stadt ist. Vadim Maslow kämpft an der Seite Frankreichs und Englands gegen Deutschland. Für Maslow ist sie ein flüchtiges Abenteuer, während Margaretha sich in den jungen Offizier verliebt. Nach drei Wochen Urlaub muß Maslow an die Front in den Vogesen zurückkehren. Um ihn auch dort besuchen zu können, benötigt Margaretha einen besonderen Passierschein, den sie im Militärbüro für Ausländer beantragen muß.

Im gleichen Gebäude befindet sich auch der französische Geheimdienst, dessen Interesse sie mit ihrem Anliegen weckt. Die Briten hatten den Geheimdienstchef Georges Ladoux bereits auf Mata Hari aufmerksam gemacht. Trotz (oder gerade wegen) des Verdachts, daß sie für die Deutschen spioniert, wirbt er sie für den französischen Nachrichtendienst an. Als Gegenleistung verhilft er ihr zu der gewünschten Reiseerlaubnis in die für Ausländer verbotene Zone, läßt sie aber ständig überwachen.

Nach ihrer Rückkehr von der Front schickt sie Ladoux, der ihre Zuverlässigkeit prüfen will, nach Den Haag. Es ist eine umständliche Reise, erst nach Spanien und von dort an Bord der *Hollandia* nach Holland. Unterwegs wird das Schiff von der englischen Flotte aufgebracht und nach Falmouth an der Landspitze von Cornwall umgeleitet. Beamte von Scotland Yard überprüfen die Fracht des Schiffes und die Identität der Passagiere. Sie suchen nach der deutschen Spionin Klara Benedix. Die Beamten halten Mata Hari für die gesuchte Agentin, verhaften sie und bringen sie nach London.

Am 13. November 1916 wird Margaretha vom Chef der Special Branch, Basil Thompson, vernommen. Er ist ebenfalls davon überzeugt, daß sie die gesuchte Klara Benedix ist. In mehrtägigen Verhören beteuert sie immer wieder, daß sie Margaretha MacLeod ist und für den französischen Geheimdienst arbeitet. Als die Engländer daraufhin in Paris nachfragen, behauptet der Geheimdienst, eine Agentin dieses Namens nicht zu kennen. In ihrer Not sendet Margaretha Hilferufe an einflußreiche Bekannte und an die niederländische Botschaft in London. Erst nach fünf Tagen erkennt Basil Thompson seinen Irrtum und läßt die Gefangene auf freien Fuß setzen. Die Engländer gestatten ihr aber nicht die Weiterreise nach

Holland, sondern schicken sie nach Spanien zurück. Mata Hari bleibt vorerst in Madrid, wo sie Kontakt zu den Deutschen aufnimmt. Ihr Ansprechpartner bei der deutschen Botschaft ist der Militärattaché von Kalle. Er schickt sie – versehen mit Geheimtinte, neuen Instruktionen sowie einem Reisekostenvorschuß von dreitausendfünfhundert Pesetas – nach Paris.

Am 4. Januar 1917 erreicht sie die französische Hauptstadt, wo sie sich brieflich bei Georges Ladoux meldet, da sie von ihm schon längere Zeit keinerlei Anweisungen erhalten hatte. Was Mata Hari nicht weiß: die Franzosen haben inzwischen zwei deutsche Funksprüche abgefangen und entschlüsselt, die sie eindeutig als Doppelagentin enttarnen. Eine der geheimen Nachrichten kam von der deutschen Botschaft in Madrid:»Agent H 21, vom Nachrichtendienst Köln im März zum zweitenmal nach Frankreich geschickt, ist hier eingetroffen. Sie hat zum Schein Angebote des französischen Nachrichtendienstes angenommen und eingewilligt, für diesen Dienst zu reisen. Sie wollte sich an Bord der *Hollandia* von Spanien nach Holland begeben, wurde jedoch am 11. November in Falmouth verhaftet, weil man sie mit einer anderen verwechselte. Als der Irrtum aufgeklärt war, wurde sie nach Spanien zurückgeschickt, da die Engländer sie weiterhin für verdächtig hielten«.

Der zweite dechiffrierte Funkspruch lautete:»H 21 wird morgen in Paris ankommen. Sie bittet darum, daß man ihr sofort telegrafisch, über ihre Haushälterin Anna Lintjens in Roesmund, fünftausend Francs an das *Comptoir d'Escompte* in Paris überweist, die an den holländischen Konsul zu übergeben sind.« Die Genauigkeit dieser Angaben, die eindeutig auf ihre Person hinwiesen, legt den Verdacht nahe, daß die Deutschen sie bewußt verraten wollten, zumal in beiden Fällen der gleiche Geheimcode benutzt wurde, um die Nachrichten zu verschlüsseln.

Mata Hari ahnt von alledem nichts. Unbeschwert lebt sie einen Monat in Paris. Am 13. Februar 1917 wird sie in ihrem Hotel verhaftet. In ihrem Gepäck entdeckt die Polizei einen mit Geheimtinte gefüllten Parfümflacon sowie einige mit dieser Tinte geschriebene Nachrichten. Sie wird in das Gefängnis *Saint Lazare* eingeliefert, wo sie in den nächsten vier Monaten zahllose Verhöre über sich ergehen lassen muß. Ihre Verhaftung wird vor der Öffentlichkeit geheimgehalten. In den Verhören verstrickt sich Margaretha in Widersprüche. Sie betont immer wieder, daß sie nur aus Geldnot für den deutschen Geheimdienst tätig war, während sie den Franzosen mit ihrer Spionage für Frankreich wirklich helfen wollte. Ihr Verhängnis ist, daß Georges Ladoux bestreitet, daß sie jemals für den französischen Nachrichtendienst gearbeitet hat.

Am 24. Juli 1917 beginnt vor dem Kriegsgericht der Prozeß gegen Margaretha Zelle, verehelichte MacLeod, genannt Mata Hari. Angelockt von dem bekannten Namen Mata Hari, versammelt sich eine große Menschenmenge vor dem Gerichtsgebäude. Aber sie hoffen vergebens. Die Öffentlichkeit bleibt an beiden Verhandlungstagen ausgeschlossen. Mata Hari trägt ein blaues Kleid mit tiefem Ausschnitt und einen dreieckigen Hut, als sie auf der Anklagebank Platz nimmt. Der Anklagevertreter, Oberleutnant Mornet, beschuldigt sie in acht Punkten der Zusammenarbeit mit dem Feind.

Maître Clunet, ein hagerer Mann von vierundsiebzig Jahren, gibt als Verteidiger Mata Haris eine blasse Figur ab. Da es keine Zeugen gibt, die bereit sind, zugunsten der Angeklagten auszusagen, zeichnet sich schon nach einigen Stunden des Verfahrens ab, daß Mata Hari das schlimmste Urteil zu erwarten hat, zumal sich Frankreich mit Deutschland im Krieg befindet. Bevor das Gericht sich zur Beratung zurückzieht, stellt der Vorsitzende die übliche Frage:»Angeklagte, haben Sie zu Ihrer Verteidigung noch etwas hinzuzufügen?«

–»Nichts. Mein Verteidiger hat die Wahrheit gesagt. Ich bin keine Französin, ich hatte das Recht, Freunde in anderen Ländern zu haben, selbst in Ländern, die mit Frankreich Krieg führen. Ich bin neutral geblieben. Ich rechne auf Ihr gutes Herz.«

Nur fünfzig Minuten dauern die Beratungen, dann kehren die Richter in den Saal zurück. Ihr einstimmiges Urteil lautet:»Schuldig in allen acht Punkten der Anklage. Die Angeklagte Margaretha MacLeod wird wegen Spionage für den Feind zum Tode verurteilt.«

Margaretha, die recht gefaßt das Urteil aufnimmt, wird in ihre Zelle in *Saint Lazare* zurückgebracht. Ihr Verteidiger Maître Clunet stellt noch im Gerichtssaal Antrag auf Berufung, der aber am 21. August 1917 abgelehnt wird. Der Termin für die Hinrichtung der einundvierzigjährigen Margaretha MacLeod wird auf Montag, den 15. Oktober 1917, um sechs Uhr fünfzehn festgelegt.

Kühl und klar ist die Luft an diesem frühen Oktobermorgen in Paris, als sich fünf geschlossene Wagen vor dem Gefängnis *Saint Lazare* langsam in Bewegung setzen. Beim mittleren Fahrzeug sind die Fenster durch Gardinen verhängt. Nach einer kurzen Fahrt durch das um diese Zeit fast menschenleere Paris erreicht die Kolonne den Festungsturm von Vincennes, der sich nur wenig vor dem Grau des anbrechenden Tages abzeichnet. Nach einem kurzen Stop am Haupttor, wo sich eine Eskorte berittener Soldaten eines Garnisonsregiments der Kolonne anschließt, wird die Fahrt fortgesetzt, bis der Schießplatz von Vincennes erreicht ist, ein Ort der auch für Exekutionen genutzt wird. Ungefähr dreißig Amtspersonen und etwa hundert geladene Gäste, die sich auch durch die frühe Morgenstunde nicht abhalten ließen, warten gespannt auf das Eintreffen der Wagenkolonne.

Wenige Minuten vor sechs Uhr ist es soweit. Erste Reiter der Eskorte treffen auf dem Platz ein, gefolgt von den fünf Wagen und weiteren Soldaten hoch zu Pferde. Die Schaulustigen recken die Hälse, als aus dem Fahrzeug mit den zugehängten Fenstern erhobenen Hauptes die Frau steigt, über die in den vergangenen Jahren von den französischen Zeitungen vielfach berichtet wurde.

Zum Abschied umarmt die Todeskandidatin ihren Anwalt und wirft anschließend eine Kußhand in Richtung der offiziellen Persönlichkeiten. Zwei Gendarmen fesseln sie an einen Pfahl und wollen ihr mit einem schwarzen Tuch die Augen verbinden. Aber Margaretha lehnt das lautstark ab, sie wolle ihrem Tod ins Auge sehen. Das Erschießungskommando, bestehend aus zwölf Unteroffizieren, bezieht Stellung.

Um sechs Uhr fünfzehn hebt ein Offiziersanwärter seinen Säbel, um den Feuerbefehl zu geben. Mata Hari sieht ihm in die Augen und sagt:»Monsieur, ich danke Ihnen.« Eine Salve aus den Gewehren der zwölf Schützen beendet das Leben der Mata Hari. Leblos sackt ihr Körper zusammen. Als die Trompete ertönt, marschieren die Truppen an dem Leichnam vorbei. Im Anschluß an die Hinrichtungszeremonie ruft der Protokollant über den Platz:»Erhebt jemand Anspruch auf den Leichnam?« Da niemand sich meldet, wird Mata Hari auf dem neuen Friedhof von Vincennes beigesetzt.

Die Presse berichtet über die Hinrichtung nur mit wenigen Zeilen, so erscheint in *L'Echo de Paris* am 16. Oktober 1917 folgende kleine Meldung:»Gestern früh wurde die Tänzerin Mata Hari erschossen. Ihr richtiger Name war Zelle, ihre Nationalität unklar, als sogenannte indische Tempeltänzerin hatte sie zweifelhaften Ruhm erlangt. Seit Beginn des Krieges und wahrscheinlich schon vorher unterhielt sie Beziehungen im Ausland, namentlich mit der Polizei in Berlin, wo sie sich im August 1914 aufhielt. Nach Frankreich zurückgekehrt, betrieb sie Spionage und wurde am 13. Februar dieses Jahres verhaftet. (...) Mata Hari bewies Tapferkeit bis an ihr Ende. Sie lehnte es ab, sich die Augen verbinden zu lassen, sie starb ohne ein Wort.«

Als Margarethas Nachlaß am 9. und 10. Januar 1918 in Den Haag versteigert wird, erscheinen viele Neugierige, aber nur wenig Kaufinteressierte. Ihr gesamter Schmuck sowie ihre bewegliche Habe bringen noch nicht einmal 25 000 Francs. Nur um ihr Bett wird lange gefeilscht. Alles wird verramscht, so daß noch nicht einmal ihre Tochter Jeanne Louise ein Erinnerungsstück an ihre Mutter erhält. Erst Jahre später, vor allem durch den Hollywood-Film mit Greta Garbo in der Titelrolle und nach Erscheinen mehrerer Biographien, wird Mata Hari zum Mythos. 1976, anläßlich ihres hundertsten Geburtstages, setzen die Stadtväter von Leeuwarden dieser umstrittenen Frau ein Denkmal.

MAX KLANTE
Zocker, Zossen und Zinnober

Berlin war schon immer ein Dorado für Spieler, Wettfanatiker und Spekulanten, von denen so mancher innerhalb kürzester Zeit Haus und Hof, wie man so schön altmodisch sagt, verzockte. So erschien es auch nicht weiter verwunderlich, daß am 17. Mai 1868 in Hoppegarten, weit vor den Toren der Stadt, die größte Galopprennbahn Deutschlands ihre Pforten öffnete. Der Preußenkönig Wilhelm I. ließ es sich nicht nehmen, die neue Rennbahn persönlich einzuweihen. Von nun an pilgerten die Berliner mit Kind und Kegel trotz langer und umständlicher Anreise, wenn das Wetter mitspielte, an den Wochenenden nach Hoppegarten.

Da ja bekanntlich Konkurrenz das Geschäft belebt, dauerte es gar nicht lange, bis 1894 eine weitere Pferderennbahn auf dem ehemaligen Vorwerk Karlshorst ihren Rennbetrieb aufnahm. Auf der neuen Rennbahn wurden ausschließlich Hindernisrennen veranstaltet. Wilhelm II., der anders als sein Großvater Hoppegarten stets mied, ging, wenn überhaupt zu Pferderennen, dann nur nach Karlshorst, wo sich des Kaisers Kavalleristen oder ihre Pferde beim Hindernisrennen so manches Mal das Genick brachen.

Da der Pferderennsport auch nach der Jahrhundertwende große Popularität genoß und immer wachsende Zuschauermassen anzog, war auch der Bau einer dritten Rennbahn im nahen Umland Berlins für Investoren interessant. Sie entschieden sich für Mariendorf als Standort, wo sie 1913 eine Rennstrecke für Traber anlegen liessen. Glanzstück dieser neuen Anlage war die nach ihrem Konstrukteur benannte Endell'sche Tribüne, die 2000 Zuschauern unter ihrem Dach Platz bot.

Obwohl das Publikum ausgesprochen zahlreich zu den Rennveranstaltungen strömte, wurde das große Geld nicht mit den Eintrittskarten gemacht, sondern am Totalisator, wo die Wettbegeisterten aus Nah und Fern in jeder Woche gewaltige Summen verspielten. So hielten die Veranstalter, mit Ausnahme bei den ganz großen Rennen, die Eintrittspreise niedrig, da sie genau wußten, daß die Besucher sich vom Wettfieber anstecken ließen und erheblich mehr Geld ausgaben, als sie es eigentlich geplant hatten.

Die Zusammensetzung des Rennbahnpublikums unterschied sich seit jeher stark von den Besuchern anderer Sportveranstaltungen, denn hier trafen Menschen aus den unterschiedlichsten Schichten der Bevölkerung aufeinander. Neben den von Spielleidenschaft infizierten Zockern und den echten Freunden des angeblich edlen Pferdesports gab es eine dritte, finanziell potente Besuchergruppe, für die der Renntag ein gesellschaftliches Ereignis war. Auf den teureren Tribünenplätzen saßen die feinen Damen der Gesellschaft, die unter sich den Wettstreit um den größten und auffälligsten Hutschmuck, den Berlins Putzmacher zu bieten hatten, austrugen. Daneben ihre Ehemänner, die Herren Kommerzienräte, meist etwas steif im schwarzen Gehrock und Zylinder, denn man wollte ja dem englischen Ascot oder Paris-Longchamp in nichts nachstehen. Die Herren des Landadels gaben sich in der Wahl ihrer Kleidung meist etwas derber, bevorzugt waren Knickerbocker und Tweedsakko in dezentem britischen Karomuster, dazu eine weiche Schieber- oder Ballonmütze. Erheblich extravaganter war die Kleidung der gern so genannten Dandys, die in hellen Leinenanzügen, mit buntgestreifter Krawatte und schräggesetzter Kreissäge erschienen und mit ihren jungen Begleiterinnen zwischen Tribüne und Rennbahn flanierten, um auch wirklich von allen Anwesenden ganz und gar wahrgenommen zu werden.

Die gebeutelten Zocker kamen meist ohne Begleitung, und sie hatten auch kein Auge für die aktuelle Mode des Publikums. Sie interessierten sich ausschließlich für das Renngeschehen und waren deshalb auch ständig unterwegs, mal am Führring, um vor dem Start die Pferde des nächsten Rennens zu begutachten, dann in den Stallungen, in der Hoffnung, von den Futtermeistern oder Trainern Gesprächsfetzen aufzuschnappen, die eventuell etwas über die Tagesform eines Pferdes aussagen könnten. Kurz vor Rennbeginn eilten sie dann zum Totalisator, um erst im allerletzten Moment ihre Wette abzugeben. Mit der Startglocke waren sie zurück an der Rennbahn, nah der Ziellinie, wo nun ihr Leiden und Zittern um Sieg oder Niederlage, Gewinn oder Verlust begann.

Zu dieser Spezies leidenschaftlicher Wetter gehörte auch Max Klante, der auf allen drei Berliner Rennbahnen zu Hause war. Mit großer Mühe hatte er die Volksschule hinter sich gebracht und anschließend eine Lehre als Fotograf absolviert. Seit einigen Jahren war er selbstständig in einem kleinen Hinterhofatelier. Da er sich aber nur äußerst halbherzig um Kunden bemühte und nur selten in seinem Atelier anzutreffen war, liefen die Geschäfte schlecht, und er bewegte sich permanent am Rand der Pleite. Max Klante hatte in der Vergangenheit stets mehr Geld am Totalisator eingezahlt als zurückerhalten, trotzdem träumte er wie andere Glücksritter auch von dem großen Gewinn, der ihn von allen finanziellen Sorgen befreien würde.

Obwohl pekuniär abgebrannt, wirkte Max Klante durch seine gepflegte Erscheinung und elegante Kleidung wie ein Mann von

Welt. Sein Kapital waren seine vielfach erprobten Überredungskünste, die er in der Vergangenheit immer dann eingesetzt hatte, wenn die letzte Mark verspielt war und er sich bei Freunden und Bekannten das Geld für den nächsten Wetteinsatz zusammenpumpen mußte.

Klante hatte große Pläne. Sein Ziel war die Gründung eines eigenen Rennstalls sowie eines Gestüts für die Aufzucht hochwertiger Rennpferde. Dies erforderte natürlich sehr viel Kapital, das durch fremde Geldgeber beschafft werden mußte, die, angelockt durch eine zu erwartende hohe Rendite, ihr Kapital für seine Idee einsetzen sollten. Ihm war klar, daß es einige Zeit dauern würde, bis ein Rennstall erste Gewinne abwerfen könnte. Diese Zeit sollte dadurch überbrückt werden, daß er einen Teil des Anlegerkapitals in Pferdewetten einsetzte, um mit den Gewinnen die fälligen Zinszahlungen sowie den Aufbau des eigenen Rennstalls zu finanzieren.

Wie groß Klantes Überredungskünste waren, zeigt sich daran, daß er nur acht Monate benötigte, um im Jahr 1920, mit einem Startkapital von 450 000 Mark, die *Max Klante & Co. GmbH* zu gründen. Er versprach den Anlegern in einer groß aufgezogenen Werbekampagne, ihre Einlagen in einer Laufzeit von nur zwei Monaten zu hundert Prozent zu verzinsen, was einem Jahreszins von sechshundert Prozent entsprach. Die ersten Anleger waren nur zögerlich bereit, ihr Geld in sein Unternehmen zu investieren, als dann aber pünktlich auf den Tag genau nach zwei Monaten die Gewinne ausgezahlt wurden, sprach sich das sehr schnell in der Stadt herum. Da es nirgendwo eine höhere Rendite zu erzielen gab, strömten nun die Geldanleger aus allen Kreisen der Bevölkerung in das gerade eröffnete Büro der *Max Klante & Co. GmbH*.

Die Geschäftsräume der Firma waren exklusiv eingerichtet und auch das freundliche und kompetente Personal, das die Beratungsgespräche führte, wirkte auf die Klienten ausgesprochen seriös. Nach einigen Monaten standen Klante Millionenbeträge zur Verfügung, so daß er seine kühnen Pläne umsetzen konnte. Sein neu eröffneter Rennstall kaufte die erstklassigsten Pferde und verpflichtete die erfolgreichsten deutschen Jockeis. Beim *Großen Preis von Berlin*, dem jährlichen Hauptrennereignis in Hoppegarten, waren erstmals die Farben des neuen Rennstalls zu sehen. Die Jockeis des

Klante-Konzerns trugen blaue Jacken mit gelb abgesetzten Verzierungen, und ein großes gelbes »K« schmückte die linke Brusttasche des Blousons.

Klante hatte an diesem Tag ein großes Zelt aufstellen lassen, in dem alle Kapitalanleger zu einem Sektempfang geladen waren. Während seiner kurzen, aber prägnanten Begrüßungsrede wies er die zahlreichen Anwesenden darauf hin, daß der Konzern erst am Anfang einer beispiellosen Karriere stünde und in der Zukunft die Geschäftsbereiche noch weiter expandieren würden. Er kündigte für die nächsten Monate die Eröffnung des ersten Klante-Wettbüros in der Friedrichstraße 121 an. Später sollten weitere Filialen eröffnet werden, die nach und nach, verteilt über das ganze Stadtgebiet, den begeisterten Wettern zur Verfügung stehen sollten.

Anfangs funktionierte sein Konzept. Die Wettgewinne, die Klante mit dem Geld der Anleger erwirtschaftete, waren immerhin höher als die Verluste, und so konnten auch in der Folgezeit alle Zinszahlungen an die Anleger pünktlich geleistet werden. Der Name des Klante-Konzern war in Berlin zu einem Begriff geworden und in den Klatschspalten der Zeitungen wurde anerkennend über die beispielhafte Karriere des »Volksbeglückers« berichtet, der es geschafft hatte, innerhalb weniger Monate von einem erfolglosen Fotografen zum erfolgreichen Geschäftsmann mit eigenem Rennstall, mehreren Autos sowie zwei Villen in Karlshorst und auf Schwanenwerder aufzusteigen.

Es waren nicht nur die großen Gewinnerwartungen, mit denen der selbsternannte Konzernchef die Anleger lockte. Wen er für besonders kapitalkräftig hielt, den ließ Klante auch entsprechend hofieren. Er bediente diese Gäste in exklusivem Kreis auf der Tribüne in Hoppegarten mit Kaviar und Champagner, und wenn sie ohne Ehefrau erschienen waren, auch mit reizvollen jungen Damen. Wie zufällig tauchte dann auch ein überaus zufriedener »Anleger« auf, der sich hochlobend darüber äußerte, welche gewaltigen Gewinne er dank Klante in den letzten Monaten kassieren konnte. Kaum einer dieser Gäste konnte sich, wenn ihn Klante erst einmal am Tisch hatte, seinen Überredungskünsten entziehen.

Mit einem rauschenden Fest wurde dann die Eröffnung seines Caféhauses an der Großen Frankfurter Straße zelebriert. Das Restaurant war strategisch äußerst günstig gelegen, da viele der Besucher

nach den Renntagen von Hoppegarten und Karlshorst hier ein-
kehrten, bevor sie in die Doppeldeckerbusse, Straßenbahnen oder
Pferdekutschen umstiegen, die sie zurück in die Innenstadtbezirke
brachten. Waren Klantes Jockeis an diesen Tagen besonders erfolgreich, so wurde hier anschließend groß gefeiert, und wenn der Kon-
zern-Chef persönlich auftauchte, spielte die Kapelle den eigens für
ihn komponierten *Max-Klante-Marsch*.

Nach außen hin noch nicht erkennbar, begann der Klante-Konzern aber bald erste Risse zu zeigen. Die Zahl der Anleger stagnier-
te, wenn auch auf hohem Niveau. Auf längere Sicht konnte das
aber ruinös werden, da das von Klante entwickelte System nur bei
steigenden Anlegerzahlen florierte. Hinzu kam, daß in der Vergangenheit am Totalisator immer höhere Einsätze verloren wurden, so
daß sich erstmals seit der Firmengründung ein Defizit abzeichnete.
In der Zwischenzeit hatten auch mehrere Konkurrenzunternehmen
den Markt für sich entdeckt, sie kopierten sein System und boten
die gleiche Gewinnquote wie der Klante-Konzern.

Spätestens zu diesem Zeitpunkt mußte der clevere Max Klante
erkannt haben, daß seine Strategie auf Dauer nicht funktionieren
konnte. Er unternahm den Versuch, die Kapitalverzinsung auf drei-
hundert Prozent zu halbieren, was die Anleger aber umgehend in
die lockenden Arme der Konkurrenz trieb. Um weitere sofortige
Rückzahlungen zu vermeiden, blieb ihm nichts anderes übrig, als
die Zinshalbierung nach wenigen Tagen wieder rückgängig zu machen. So gelang es Klante in den folgenden Monaten nur finanzielle Löcher dadurch zu stopfen, indem er neue größere aufriß, was
natürlich die Gesamtsituation seines Unternehmens noch verschlechterte.

Er setzte sogar den guten Ruf seines bis dahin erfolgreichen Rennstalls aufs Spiel, indem er Rennen manipulierte. In den Rennen, wo
seine Pferde eindeutige Favoriten waren, wies er die Jockeis an, ihre
Pferde zurückzuhalten. Klante setzte dann große Summen auf die
Konkurrenz, um so erhöhte Gewinne zu kassieren. Die Rennleitung
durchschaute aber bald diese eher simplen Betrügereien und schaltete die Polizei ein. Für den Wiederholungsfall drohte man Klante
damit, alle Rennpferde seines Stalls von zukünftigen Rennen auszu-
schließen.

Die Katastrophe nahte, als zwei Kunkurrenzunternehmen, die genau nach seinem System arbeiteten, innerhalb einer Woche Pleite gingen und so zahlreiche Anleger um ihr Geld brachten. In den Zeitungen wurde ausführlich darüber berichtet und spekuliert, daß bald weitere dieser »Schwindelunternehmen« in Konkurs gehen könnten. Viele Anleger wurden nun hellwach, also mißtrauisch und verlangten auf der Stelle ihr Geld zurück. Max Klante reagierte mit einem »Extra-Blatt«, das er an seine verschreckten Klienten verschickte: »An die Einzahler des Klante-Konzerns! Der von uns lange vorhergesehene Zusammenbruch des Köhn-Konzerns wird wahrscheinlich auch in den Herzen aller Einzahler des Klante-Konzerns große Beunruhigungen hervorgerufen haben. Ohne Grund! Jeder kann sich an Ort und Stelle überzeugen, daß das Geld, das er eingezahlt, nicht verbraucht, nicht an frühere Einzahler ausgezahlt, auch nicht vergeudet oder unterschlagen ist, wie das bei einigen Konzernen üblich zu sein scheint. Denn die zahlreichen Millionen, die ein bewußter Konzern eingenommen hat, können in so kurzer Zeit weder am Totalisator verwettet noch durch Ankauf der in den Zeitungen erwähnten Grundstücke verbraucht worden sein. Wieviel Betrug an dem Zusammenbruch der oben erwähnten Konzerne Schuld trägt, ist augenblicklich nicht zu übersehen. Im Klante-Konzern gibt es jedenfalls derartiges nicht, und daher ist es ausgeschlossen, daß die großen Summen einfach verschwinden. Der Klante-Konzern steht nach wie vor auf der Höhe! Jeder kann beruhigt sein, sein Geld ist nicht verloren!«

Parallel dazu versuchte er in groß aufgezogenen Kapitalanleger-Veranstaltungen im Zirkus Busch, die Besucher von der Seriosität des Klante-Konzerns zu überzeugen. Aber auch schon damals verhielten sich Anleger wie Bienen, die weiterfliegen, wenn eine Blüte verwelkt ist, um sich am Nektar anderer Blüten zu laben. Täglich bildeten sich lange Schlangen vor dem Konzern-Büro. Klante zahlte und zahlte, bis alle verfügbaren Geldmittel aufgebraucht waren. Aber es langte bei weitem nicht, um den Zusammenbruch des Konzerns zu verhindern. Als die Kassen leer waren, stürzten sich die Gläubiger auf Klantes Immobilienvermögen, auf dem aber schon die Banken saßen, da alle Gebäude sowie Grundstücke mit hohen Hypotheken belastet waren.

Als chronisch Lungenkranker wollte sich Max Klante in ein Sanatorium außerhalb Berlins vor der Staatsanwaltschaft in Sicherheit bringen. Aber auch das mißlang, da die von den Gläubigern eingeschaltete Polizei ihn kurz vor seiner Flucht verhaftete. Die nächsten Monate mußte Max Klante in Untersuchungshaft verbringen, bevor sich die Gerichte mit ihm befaßten. Für 80 000 Kapitalanleger, die nicht rechtzeitig genug ihr Geld zurückverlangten, bewahrte sich die Lebensweisheit:»Wer zu spät kommt, den bestraft das Leben«. Die Forderungen der Gläubiger von fast 100 Millionen Mark konnten durch Klantes verbliebenen Besitz nicht mehr gedeckt werden.

Nach Verbüßung einer mehrjährigen Gefängnisstrafe wurde Max Klante häufig in den zahlreichen Wettbüros der Stadt gesehen. Da alle drei Berliner Rennbahnen lebenslanges Hausverbot gegen ihn verhängt hatten, mußte er dort seine Wetten abgeben. Später hat er geheiratet, wie es heißt eine Witwe in den »besten Jahren« mit einem ansehnlichen Bankkonto. Danach verliert sich die Spur des »Volksbeglückers«.

»FRÄULEIN UNBEKANNT«
Das Geheimnis der letzten Zarentochter

Am 17. Februar 1920, um 9 Uhr abends, sprang eine junge Frau von der Bendlerbrücke im Bezirk Tiergarten in den Landwehrkanal. Ein von Passanten herbeigerufener Polizist, der sich auf seinem gewohnten Rundgang durch das vornehme Tiergartenviertel befand, sprang beherzt in das noch sehr kalte Wasser und rettete die Lebensmüde vor dem Ertrinken. Er brachte die verstört wirkende junge Frau auf das nahe Polizeirevier, wo sie wenig später, nun in wärmende Decken gehüllt, zu ihrer Person und zu den Beweggründen ihres Selbstmordversuchs befragt wurde. Die Beamten hatten es aber schwer: die junge Dame machte keinerlei Angaben zu ihrer Herkunft oder zu den Gründen ihres Verhaltens. Die wenigen Worte, die sie ab und an von sich gab, sprach sie in gutem Deutsch, allerdings mit einem stark osteuropäischen Akzent.

Noch am selben Abend brachte man die Unbekannte in das Elisabethkrankenhaus in der Lützowstraße, wo sie die Nacht verbringen sollte. Am nächsten Morgen wirkte sie schon etwas erholter und auch ruhiger als am Tag zuvor. Auf vorsichtige Fragen der Krankenschwestern zu ihrer Person ging sie dennoch überhaupt nicht ein. Sie drehte sofort den Kopf zur Wand und sprach kein weiteres Wort. Am Nachmittag unternahm dann der junge Polizist, der sie am Vortag aus dem Wasser gefischt hatte, einen weiteren Versuch der Befragung. Aber auch ihr Lebensretter blieb erfolglos. Das einzige, was er aus ihr herausbekam war, daß sie in keinem Fall bereit sei, Auskunft über ihre Familie oder ihre Herkunft zu geben. Mit zarter Stimme teilte sie ihm mit, daß es besser sei, sie in Frieden zu lassen, als sie weiterhin mit Fragen zu quälen.

Auch in den folgenden Tagen versuchten Schwestern und Polizeibeamte immer wieder, die Identität der Frau, die vermutlich zwischen zwanzig und vierundzwanzig Jahre alt war, zu klären. Da ihr starker Akzent vermuten ließ, daß sie noch nicht sehr lange in Deutschland lebte, wurden ihr Fragen in den unterschiedlichsten Sprachen gestellt, in der Hoffnung, so zumindest ihre Nationalität feststellen zu können. Die Patientin zog sich daraufhin die Bettdecke über den Kopf und sprach kein einziges Wort mehr. Als sich dies auch in den nächsten Wochen so fortsetzte, überwiesen die ratlosen Ärzte ihre Patientin Ende März in die Irrenanstalt Dalldorf.

In Dalldorf stellte man nach ausführlichen Untersuchungen die Diagnose:»Melancholie, eine geistige Erkrankung depressiven Charakters«. So wurde sie als»»Fräulein Unbekannt«« auf Station B in Haus 4 untergebracht, gemeinsam mit vierzehn weiteren Frauen. Die zart gebaute Patientin wog zum Zeitpunkt ihrer Einlieferung 51 Kilogramm, bei einer Größe von 1 Meter 57. Auch in der Anstalt war sie in den ersten Tagen nicht bereit, Angaben zu Alter, Name oder Herkunft zu machen. Weitere ärztliche Untersuchungen ergaben, daß»»Fräulein Unbekannt«« keine Jungfrau mehr war und ihr gesamter Körper ungewöhnlich viele Narben aufwies. Ihr allgemeiner Gesundheitszustand wurde von den Ärzten als»sehr schwach« eingestuft, ihr Alter auf ungefähr zwanzig Jahre geschätzt.

Nach einigen weiteren Tagen erzählte die Patientin einer Schwester, zu der sie in der Zwischenzeit etwas Vertrauen gefaßt hatte, daß sie ihren Namen nicht nennen dürfe, da sie sonst Verfolgung zu befürchten hätte. Es sollte noch einige Monate dauern – die Polizei hatte inzwischen den Fall bereits zu den Akten gelegt –, bis »Fräulein Unbekannt« langsam ihre Angst vor Krankenschwestern und Ärzten verlor und etwas zugänglicher wurde. Sie benutzte beim Sprechen manchmal einige russische Worte, sprach aber sonst ausschließlich deutsch. Immer wieder betonte sie ihre große Angst vor Zeitungen und Journalisten: »Ich fürchte erkannt und nach Sowjetrußland transportiert zu werden«. »Fräulein Unbekannt« begann nun auch Bücher und Zeitschriften zu lesen, wirkte intelligent und verhielt sich stets wohlerzogen. Die Schwestern beschrieben sie als »freundliches, höfliches und auch dankbares Wesen« mit sehr vornehmen Manieren, das den Eindruck einer Adligen vermittelte.

Knapp zwei Jahre waren seit ihrer Ankunft in Dalldorf vergangen, als die Patientin plötzlich verkündete, Anastasia, die jüngste Tochter des Zaren Nikolaus II. zu sein, die als einzige die Ermordung der Zarenfamilie in der »Jekaterinburger Blutnacht« im Juli 1918 überlebt hätte, da man sie nach dem grausamen Massaker für tot gehalten habe. Sie schilderte nun auch die Zeit zwischen dem Massaker in Jekaterinburg und ihrer Ankunft in Berlin, kurz bevor sie ihr Leben mit einem Sprung in den Landwehrkanal beenden wollte.

Ein junger russischer Soldat mit Namen Alexander Tschaikowski habe sie bewußtlos zwischen den Leichen der Zarenfamilie entdeckt und gerettet. Tschaikowski versteckte sie einige Tage in einem dichten Wald, nur wenige Kilometer von Jekaterinburg entfernt, und flüchtete anschließend mit ihr und Mitgliedern seiner Familie auf einem klapprigen Heuwagen von Rußland über viele Stationen nach Bukarest. Im Dezember 1918 habe sie ihrem Retter ein Kind geboren, dem sie den Namen Alexej gaben. Wenige Tage nach der Geburt des kleinen Alexej wurde in Bukarest geheiratet. Die gemeinsame Ehe war allerdings nur von kurzer Dauer, da Alexander Tschaikowski einige Monate nach der Eheschließung in Bukarest von einem anderen Russen erschossen wurde.

Die Erzählungen der Dalldorfer Patientin blieben aber bruchstückhaft und zu vielen Punkten ihrer Vergangenheit äußerst vage. Nach dem Tod ihres Mannes Alexander habe sie ihr Kind bei den

Schwiegereltern in Bukarest zurückgelassen und sei auf langen Umwegen alleine nach Berlin gekommen, da sie hoffte, in der Stadt Mitglieder der Familie mütterlicherseits zu treffen. Später widersprach sie sich allerdings, als sie erzählte, mit Sergei, dem jüngeren Bruder ihres Mannes, nach Berlin gereist zu sein. Dieser sei aber kurz nach ihrer Ankunft in der Hauptstadt plötzlich verschwunden und nicht wieder aufgetaucht. Auf die Frage, wovon sie auf dem langen Weg nach Berlin gelebt habe, antwortete die Patientin, daß sie auf der Reise mehrfach Familienschmuckstücke verkauft hat, die ihre Mutter wenige Tage vor Ermordung der Familie in die Kleidung der Kinder habe einnähen lassen. Als sie endlich Berlin erreicht hatten, war der gesamte Schmuck verkauft und das Geld verbraucht gewesen. Als nun Sergei auf einmal verschwunden war und sie keinen Pfennig mehr besaß, geriet sie in Panik und sah keinen anderen Ausweg mehr, als den Sprung in den Kanal. Ihre Erzählungen waren in vielen Punkten sehr präzise und nachvollziehbar, in anderen verwirrend und unklar. So konnte sie sich auf Nachfragen an das Haus, in dem sie mit ihrem Ehemann und den Schwiegereltern in Bukarest gelebt hatte, nicht mehr erinnern, so daß Nachforschungen zur Familie ihres Mannes sowie des kleinen Sohnes Alexej ergebnislos blieben.

Im Winter 1922 lebten nahezu fünfhunderttausend russische Flüchtlinge in Deutschland, davon mehr als einhunderttausend in Berlin. Der größte Teil von ihnen war nach der Oktoberrevolution aus der Heimat geflüchtet. Unter den Monarchisten sprach sich wie ein Lauffeuer das Gerücht herum, daß eine der Zarentöchter das blutige Massaker von Jekaterinburg überlebt habe und diese sich in der Dalldorfer Anstalt, im Norden der Stadt, befände. Einige von ihnen versuchten nun, Kontakt mit der Patientin aufzunehmen, darunter auch ein Baron Arthur Gustavowitsch von Kleist und seine Gattin Maria, die vor der Revolution intensive Beziehungen zum russischen Zarenhof unterhielten. Beide hatten zwar nie die Kinder von Zar Nikolaus II. gesehen, hofften aber bei der Identifizierung der Unbekannten hilfreich zu sein. Nach mehreren Besuchen in der Dalldorfer Anstalt und längeren Gesprächen mit der jungen Frau waren sie von der Identität Anastasias überzeugt. Zwischen ihnen und der Patientin entwickelte sich schon bald ein

Vertrauensverhältnis. Der Baron bot ihr an, daß sie nach ihrer Entlassung aus der Anstalt in seiner Familie leben könne. Baron von Kleist hatte keine großen Schwierigkeiten, die Entlassung der Patientin zu bewirken. Die Polizei, die in diesem Fall zuständig war, verlangte nur die Zusicherung, daß ihr Unterhalt außerhalb der Anstalt gewährleistet sei. Als »Fräulein Unbekannt«, einen offiziellen Namen gab es zu dieser Zeit noch nicht für sie, verließ sie am 30. Mai 1922 die Dalldorfer Anstalt.

Die junge Frau zog wie vereinbart zur Familie des Barons von Kleist, die eine geräumige Vierzimmerwohnung in der Berliner Nettelbeckstraße 9 bewohnte. Von nun an ging es in der Wohnung, die zum Treffpunkt russischer Monarchisten wurde, turbulent zu. Reporter, Verehrer und Neugierige gingen zu jeder Tageszeit ein und aus. Die Monarchisten waren in der Einschätzung, ob die aus Dalldorf gerade entlassene junge Frau nun die Zarentochter Anastasia oder eine Schwindlerin sei, in zwei nahezu gleichgroße Lager gespalten. Um keine dieser Gruppierungen zu brüskieren, beschloß die Familie von Kleist, ihren Gast in der Öffentlichkeit nicht Anastasia, sondern schlicht »Fräulein Anni« oder »Anna« zu nennen. Die so Genannte schätzte ihre Anonymität, da sie in ständiger Furcht lebte und in jedem Fremden einen Abgesandten des Kreml vermutete. Viele der täglichen Besucher in der Nettelbeckstraße sprachen russisch mit Anna, die aber stets in deutscher Sprache antwortete. Sie begründete ihre Ablehnung, russisch zu sprechen mit dem Hinweis, daß sie es ablehne, die Sprache der Mörder ihrer Familie zu benutzen, und sie werde so lange sich dieser Sprache enthalten, bis wieder ein Zar an der Spitze des russischen Volkes stehen werde. An dieser Stelle wurde ihr von den Monarchisten nur selten widersprochen.

Das gemeinsame Leben in der Wohnung stellte sich schon nach einigen Wochen als sehr schwierig heraus, da »Fräulein Anni« oft sehr launisch und ungehalten, wenn nicht gar tyrannisch war. Häufig war sie krank, litt unter Blutarmut und ließ sich sehr gern im Bett von der gesamten Familie verwöhnen. Ihr behandelnder Arzt Dr. Schiler schätzte seine Patientin, die er fast täglich besuchte, etwas älter ein als die Dalldorfer Ärzte, auf ungefähr 25 Jahre.

Als sich das Verhältnis zu ihren Gastgebern zusehends verschlechterte, war »Fräulein Anni« am 12. August 1922 plötzlich spurlos verschwunden. Zwei Tage wurde sie von der Familie gesucht, bis man sie allein im Berliner Zoo wiederfand. Alle Versuche sie zu einer Rückkehr in die Nettelbeckstraße zu bewegen schlugen fehl. Stattdessen nahm Anna das Angebot des kurz vor der Pensionierung stehenden Kriminal-Oberinspektors Franz Grünberg an, der ihr anbot, auf seinem Landsitz Funkenmühle bei Zossen einige Zeit zu wohnen.

Franz Grünberg, in seiner Freizeit ein begeisterter Amateurhistoriker, war daran interessiert, den »Fall Anastasia« endgültig zu klären, und machte fortan ihre Rehabilitierung zu seiner Hauptaufgabe. Er arrangierte nur wenige Tage später ein Treffen zwischen Anna und Irene von Preußen, einer Schwester der Zarin Alexandra. Von dieser Zusammenkunft versprach sich Grünberg sehr viel, da die Besucherin Anastasia mehrfach in ihrer Kindheit persönlich gesehen hatte; allerdings war die Zarentochter damals erst sechs Jahre alt. Nach einem zweistündigen Gespräch in Funkenmühle mit Anna erklärte Irene von Preußen zur großen Enttäuschung Grünbergs: »Nein, mein Herr, diese junge Frau ist keine meiner Nichten«.

Anna war zutiefst von dieser Zusammenkunft gekränkt und beendete daraufhin sofort ihren Aufenthalt in Funkenmühle, um nach Berlin in die Wohnung der Familie von Kleist zurückzukehren. Kurze Zeit später verschlechterte sich ihr Gesundheitszustand, eine Geschwulst hatte sich gebildet, die sich nach ärztlicher Untersuchung als Zeichen von Knochentuberkolose herausstellte. Dr. Schiler war sehr besorgt und lieferte seine Patientin umgehend zur weiteren Behandlung in das Charlottenburger Westendkrankenhaus ein.

Unter dem Namen »Anna Tschaikowski« verbrachte die Kranke nun einen großen Teil der folgenden Jahre im Krankenhaus. Wie schon in der Nettelbeckstraße wurde sie auch auf der Krankenstation fast täglich von Reportern, Monarchisten oder Neugierigen besucht und belästigt. Zwischendurch war Anna mehrfach urplötzlich aus dem Westendkrankenhaus verschwunden, oftmals für Tage, manchmal aber auch für Wochen. Erklärungen zu ihrem Verbleib gab sie nie, sie muß allerdings auf diesen Ausflügen ein Vagabundenleben geführt haben, da ihr Äußeres nach ihrer Rückkehr oft völlig verwahrlost wirkte und sie sich zwischenzeitlich offensichtlich auch nicht gewaschen hatte. In dieser Zeit sah »Fräulein Anni« wahrlich nicht so aus, wie man sich eine Zarentochter vorstellte. Sie erhielt täglich Morphium, um ihre durch die Knochentuberkolose verursachten Schmerzen zu lindern, sämtliche Vorderzähne fehlten und ihre Kleider schlapperten um ihren spindeldürren Körper, der nur noch 75 Pfund wog.

An Annas Aufenthalt im Westendkrankenhaus schloß sich eine längere Kur im Berliner Mommsen-Sanatorium an, bevor sie im März 1926 eine Einladung in die Schweiz annahm, um sich in Lugano weiter von ihrer schweren Krankheit zu erholen. Zuvor mußte aber noch eine Schwierigkeit geklärt werden, da sie zum Grenzübertritt in die Schweiz ein gültiges Personaldokument benötigte. Da ihre Herkunft immer noch als ungeklärt galt, erhielt sie nun vom Berliner Ausländeramt einen befristeten Personalausweis auf den Namen Anna Tschaikowski, ohne den ihr die Schweiz ein Einreisevisum verweigert hätte.

Die russischen Exilanten in Berlin waren in der Frage der Identität dieser Frau nach wie vor tief gespalten. Ein Teil von ihnen war überzeugt, daß Anna Tschaikowski die überlebende Zarentochter Anastasia sei, die andere Gruppe hielt sie weiterhin für eine üble Lügnerin, die nur darauf aus war, das in westlichen Ländern noch verbliebene Zarenvermögen (von dem niemand sagen konnte, wie groß es eigentlich war) an sich zu bringen. Einige von denen, die von ihrer Geschichte überzeugt waren, hatten Anna in den vergangenen Jahren immer wieder finanziell unterstützt und ihr das Leben erleichtert. So mancher dieser Gönner war auch darunter, der sich, für den Fall ihrer Anerkennung als Großfürstin und damit Erbin des Zaren, Vorteile für seine eigene Zukunft versprach. Andere wiederum waren hauptsächlich an der Vermarktung ihrer Biographie interessiert und hofften ihrem Werk, durch direkte Kontakte zu dieser geheimnisumwitterten Frau, eine gewisse Aura zu verleihen, die sich auf die Auflage des Buches förderlich auswirken sollte. Und dann gab es natürlich noch unzählige Journalisten, die für ihre Zeitungen international über diesen unglaublichen Fall berichteten. Sie hefteten sich unablässig an Annas Fersen und gönnten ihr nicht die Ruhe, die ihrer Gesundheit dienlich gewesen wäre. Vor allem für die »Sensationspresse« war solch ein außergewöhnlicher Fall ein Geschenk des Himmels, denn die Leser waren immer wieder begierig, die neuesten Entwicklungen dieser mysteriösen Geschichte zu erfahren. Die Hauptperson ging allerdings nicht sehr behutsam mit ihren Gönnern um; sie gewährte ihnen nur kurze Audienzen, war oft sehr launisch und nur selten gewillt, auf die vielen Fragen und Wünsche einzugehen.

Da nun schon sechs Jahre nach ihrem Sprung in den Landwehrkanal vergangen waren, eine Klärung des Falles oder eine Entscheidung auf Anerkennung als Großfürstin Anastasia in weite Ferne gerückt war, erlahmte mit der Zeit das Interesse ihrer Unterstützer. Als in Berlin die Angriffe von Monarchisten, die in Anna nicht die Zarentochter sahen, immer heftiger wurden, bekamen einige ihrer Förderer »kalte Füße« und stellten ihre Unterstützungszahlungen ein, was Anna Tschaikowskis Leben erheblich schwieriger machte.

Die ersten Genesungswochen in der Schweiz begannen dennoch recht verheißungsvoll. Ihre Freundin Harriet von Rathlef – auch sie wollte ein Buch über Anna schreiben – war mit ihr nach Lugano gereist und achtete auf geregelte Mahlzeiten und leichte körperliche Bewegung bei ausgedehnten Spaziergängen oder Bootsfahrten. Die gute Stimmung der Erholungsbedürftigen hielt aber nicht lange an. Die Nachrichten, die sie aus Deutschland erreichten, berichteten von zunehmender Skepsis gegenüber der Frau, die sich als Anastasia ausgab. Zeiten tiefer Depression folgten Wutausbrüche und Beschimpfungen, die sich zumeist gegen ihre Begleiterin Harriet von Rathlef richteten. Diese schrieb daraufhin tief gekränkt in einem Brief an Freunde:»Sie ist entweder verrückt oder ein ganz gemeiner Mensch« – und reiste zurück nach Berlin.

So kam es, daß Anna Tschaikowski aus Geldmangel ihren Kuraufenthalt in Lugano bald wieder beenden mußte. Da ihre schwache Gesundheit immer noch nicht stabil genug war, reiste sie nach Oberstdorf in das preiswertere Sanatorium Stillachhaus – hoch in den bayrischen Alpen, unweit der Grenze zu Österreich gelegen. Es war das sechste Krankenhaus seit ihrem Selbsttötungsversuch in Berlin. Als sie nach acht Monaten und gesundheitlichen Fortschritten das Stillachhaus wieder verließ, hieß es im Abschlußbericht des behandelnden Arztes.:»Nach meinem Dafürhalten ist es ganz ausgeschlossen, daß Frau Tschaikowski eine bewußte Schwindlerin ist«. Nach ihrer Entlassung reiste Anna nach München, um sich ihre seit langem fehlenden Vorderzähne durch eine Prothese ersetzen zu lassen. Bis dahin hatte sich Anna in der Öffentlichkeit stets ein Taschentuch vor den Mund gepreßt, um die Zahnlücken zu verbergen.

Ihr nächstes Ziel war Schloß Seeon, ein bildschön gelegenes Anwesen in Oberbayern. Freunde hatten sie zu diesem Aufenthalt eingeladen. Der elfmonatige Aufenthalt in Seeon stärkte Annas Gesundheitszustand und half ihr auch das Stimmungstief der letzten Monate, verursacht durch permanenten Geldmangel, zu überwinden. In diese ländliche Idylle schlug ein Bericht der *Berliner Nachtausgabe* vom 1. April 1927 wie eine Bombe ein. Unter der Überschrift »Entlarvung der falschen Zarentochter« war zu lesen: »Die am 17. Februar 1920 aus dem Landwehrkanal gerettete Frau, die sich Anna von Tschaikowski nannte und behauptete, die jüngste Tochter des Zaren zu sein, ist in Wirklichkeit die am 18. Dezember 1889 zu Borowielaß geborene unverehelichte Franziska Schanzkowsky.«

Eine junge Frau namens Doris Wingender hatte sich auf einen zuvor schon von der *Berliner Nachtausgabe* veröffentlichten Bericht bei der Redaktion gemeldet und mitgeteilt, daß sie auf den in der Zeitung abgedruckten Fotos die frühere Untermieterin ihrer Mutter, Franziska Schanzkowsky, erkannt habe. Diese junge Untermieterin sei in den ersten Monaten des Jahres 1920 plötzlich aus der Wohnung der Mutter verschwunden. Sie beschrieb Franziska Schanzkowsky als ziemlich schlampige polnische Fabrikarbeiterin mit schwarzen unansehnlichen Zahnstummeln im Mund. Das frühere Bauernmädchen sei 1916 durch eine Granatexplosion am Kopf schwer verletzt und anschließend für geisteskrank erklärt worden.

Mit dieser Zeitungsmeldung war der »Fall Anastasia« wieder im Gespräch. Annas Freunde rieten zu einem Treffen, um diese neuen Anschuldigungen zu entkräften. So kam es schon einige Tage später auf Schloß Seeon zu einer Gegenüberstellung zwischen Doris Wingender und Anna Tschaikowski. Frau Wingender ließ sich von diesem Zusammentreffen nicht umstimmen und erklärte anschliessend den wartenden Journalisten:»Ich kann es beschwören, diese Frau ist Franziska Schanzkowsky, die ehemalige Untermieterin meiner Mutter«.

Auch den Bruder des vermißten polnischen Bauernmädchens Felix Schanzkowsky, einen jungen Bergarbeiter, hatte die Zeitung ausfindig gemacht. Er hatte ebenfalls in Seeon an der Gegenüberstellung teilgenommen und sofort, als er Anna erblickte, ausgerufen: »Das ist meine Schwester Franziska«. Als er anschließend aufgefordert wurde, das in seinem Beisein angefertigte Protokoll zu unterschreiben, widerrief er allerdings seine vor wenigen Minuten gemachte Aussage und erklärte auf Nachfrage, daß er sich anfangs sehr sicher war, seiner Schwester gegenüberzustehen. Im Verlauf der Gegenüberstellung überwogen dann aber doch seine Zweifel – immerhin, so fügte er entschuldigend hinzu, hätte er diese schon viele Jahre nicht mehr gesehen.

Anna wirkte nach diesem Ereignis wieder sehr geschwächt und brauchte einige Wochen, um sich von der Gegenüberstellung zu erholen. Es gab für sie in dieser Zeit, wo immer mehr Menschen begannen, an ihr zu zweifeln, aber auch Lichtblicke. Im Frühjahr war sie einem Mann vorgestellt worden, der ihr weiteres Leben verändern sollte. Gleb Jewgenjewitsch Botkin war der jüngste Sohn des ehemaligen Leibarztes der russischen Zarenfamilie. Gleb wurde in Rußland geboren, mußte aber mit seiner Mutter und den Geschwistern 1918 fliehen, da kurz zuvor sein Vater von Anhängern der Revolution ermordet worden war. Er lebte nun schon einige Zeit in den Vereinigten Staaten, wo er über den »Fall Anastasia« in amerikanischen Zeitungen gelesen hatte. In seiner Kindheit hatte Gleb J. Botkin als Sohn des Leibarztes mehrfach bei Hof mit der kleinen Anastasia gespielt und wollte nun zur Aufklärung dieses »unwürdigen Falles« beitragen.

Botkin reiste nach Schloß Seeon, wo er der geheimnisumwitterten jungen Frau vorgestellt wurde. Er hatte nach einem Gespräch mit Anna keinerlei Zweifel an ihrer Biographie und kämpfte fortan bis zu seinem Tod für ihre Anerkennung als Zarentochter. Botkin kehrte nach kurzem Aufenthalt in Europa wieder nach New York zurück, wo er mit mehreren Artikeln in der *Herald Tribune* die Aufmerksamkeit der Amerikaner auf diesen verworrenen Fall lenkte. Schon wenige Tage nach Veröffentlichung dieser Artikelserie meldete sich bei Botkin eine Mrs. William B. Leeds, geborene Prinzessin Xenia Georgijewna von Rußland, eine Tochter des Großfürsten

Georg Michailowitsch und somit Cousine zweiten Grades der Großfürstin Anastasia.

Mrs. Leeds, die über die Berichte in der *Herald Tribune* entsetzt und gleichzeitig gerührt war, sprach für Anna eine Einladung in ihr Haus an der Oyster Bay am Long Island Sound aus und war auch bereit, alle anfallenden Kosten zu übernehmen. So bestieg Anna Tschaikowski am 1. Februar 1928 in Cherbourg einen Ozeandampfer, der sie in wenigen Tagen nach New York brachte. Anna hatte bisher immer Deutsch mit ihrem harten östlichen Akzent gesprochen. Ihre Gegner, die sie für eine Lügnerin hielten, behaupteten deshalb auch stets, daß sie die russische Sprache nicht beherrsche. Dieses Argument wurde aber mehrfach widerlegt, wenn sie auf russisch gefragt wurde, gab sie nämlich stets die richtigen Antworten. Von dem Moment an, an dem sie in New York das Schiff verließ, sprach sie nur noch Englisch, das sie nie in Deutschland gesprochen hatte und auch nicht in diesem Umfang dort gelernt haben konnte.

Gut zwei Dutzend Reporter erwarteten ungeduldig die Frau mit der ungeklärten Vergangenheit am Kai, um sie mit unzähligen Fragen und mit einem Blitzlichtgewitter zu empfangen. Von nun an ging es im Haus von Mrs. Leeds turbulent zu. Fast täglich trafen Besucher aus allen Teilen der Vereinigten Staaten ein, um die vermeintliche Zarentochter zu besuchen. Unzählige Fotoreporter zertrampelten jedes noch so kunstvoll angelegte Blumenbeet der grossen Gartenanlage, immer auf der Jagd nach einem Schnappschuß. Als auch nach einigen Monaten der Rummel nicht nachließ, machte sich die Gastgeberin ernsthafte Gedanken, wie dieser unwürdige Belagerungszustand aufzuheben sei. Außerdem hatte sich in der Zwischenzeit der Nervenzustand ihres prominenten Gastes stark verschlechtert. Diese beschimpfte ihre Gastgeberin häufig und behandelte sie manchmal wie ihr persönliches Dienstmädchen. Mrs. Leeds war ihrerseits bald mit den Nerven am Ende und nicht mehr länger bereit, das Verhalten Annas zu tolerieren.

Um diesen Zustand zu beenden, wurde Anna in dem feudalen *Garden City Hotel* in Long Island untergebracht, wo sie sich, um ihre Identität zu verbergen, als »Mrs. Eugene Anderson« ins Gästebuch eintrug. Mrs. Leeds war unter dieser Bedingung gerne bereit, für

Annas immens hohe Rechnungen weiterhin aufzukommen. Sie war mit allem einverstanden, wenn sie nur mit dieser »Verrückten« nicht mehr unter einem Dach leben mußte.

Mehrere Anwälte kümmerten sich seit ihrer Ankunft in New York um ihre Anerkennung als Großfürstin Anastasia und Erbin des Zarenvermögens, das zum Teil auf diversen ausländischen Bankkonten ruhen sollte. Um die immensen Kosten der vermutlich langjährigen Prozesse bezahlen zu können, wurde eine Gesellschaft mit dem Namen *Grandanor (Grand Duchess Anastasia Nikolajevna of Russia)* gegründet. Diese Gesellschaft gab Anteilscheine aus, und ihre Aktionäre sollten bei Erfolg das Fünffache ihrer Einlage zurückerhalten. Viele risikobereite Amerikaner kauften sich in den kommenden Monaten mit hohen Geldbeträgen in das Unternehmen »Anastasia« ein und hofften auf gute Geschäfte.

Die Hoffnungen der Anleger wurden allerdings bald getrübt, denn das Verhalten der merkwürdigen Russin gab zu Sorge Anlaß. Am 24. Juli 1930 wurde Anna Tschaikowski in den Vereinigten Staaten für geisteskrank erklärt mit der Begründung: »als für sich und andere gefährlich«. Ihr Besuchervisum wurde nicht verlängert, und man schickte sie als Patientin »Mrs. Anderson« im August 1931 mit einer Begleitperson nach Deutschland zurück. Nach ihrer Ankunft fand sie in der Nähe von Hannover in der psychiatrischen Kuranstalt Ilten Aufnahme. Seit ihrer Rückkehr aus den Vereinigten Staaten unterstützte Prinz Friedrich, der jüngste Sohn des letzten Herzogs von Sachsen-Altenburg, die Kranke und kümmerte sich nun um ihre Belange. Der Prinz war den Zarenkindern zwar nie persönlich begegnet, da aber seine Mutter eine Cousine der Zarin-Mutter war, bestand in der Vergangenheit stets eine enge Verbindung zu den Mitgliedern der Zarenfamilie.

Nach einem knappen Jahr verließ Anna die Klinik. Sie ging wieder nach Berlin, wo vor zehn Jahren, im kalten Wasser des Landwehrkanals, der »Fall Anastasia« begonnen hatte. Über ein Jahr lang lebte sie weitgehend unbehelligt in einer kleinen Charlottenburger Pension. Von dort war sie plötzlich von einem Tag zum anderen verschwunden, ohne Gepäck und ohne die letzte Rechnung für Kost und Logis beglichen zu haben. In den folgenden Jahren verlor sich mehrfach ihre Spur, da sie ruhelos, nur mit kurzen

Unterbrechungen bei Freunden und Bekannten, wie ein Vagabund kreuz und quer durch Deutschland reiste.

Inzwischen war in Deutschland Hitler an die Macht gekommen. Im Jahr 1938 soll der »Führer« persönlich befohlen haben, den »Fall Anastasia« endgültig aufzuklären und zum Abschluß zu bringen. Der Prozeß um ihre legale Anerkennung als Zarentochter hatte eigentlich bereits 1933 begonnen, als das zentrale Bezirksgericht in Berlin auf Initiative der Witwe des Zarenbruders Michael, Gräfin Brassowa, alle Kinder von Zar Nikolaus II. für tot erklärte. Anspruch auf das Zarenvermögen in Deutschland hatten demzufolge neben Gräfin Brassowa die Großfürstinnen Olga und Xenia, die Schwestern der Zarin Irene und Viktoria sowie der Großherzog von Hessen.

Annas Anwälte, immer noch von *Grandanor* finanziert, hatten bis 1938, dem Ausstellungszeitpunkt des Erbscheins, keine juristischen Schritte gegen diesen Gerichtsentscheid unternommen, woraufhin die Erben das auf deutschen Banken lagernde Geld aus dem Zarennachlaß abhoben. Als die Anwälte nun die Widerrufung der Erburkunde beantragten, begann 1938 einer der merkwürdigsten und kompliziertesten Fälle der deutschen Rechtsgeschichte, der sich über ein Vierteljahrhundert hinstrecken sollte. Für das Gericht hieß in den folgenden Jahren die Klägerin Anna Anderson, da die Rechtmäßigkeit der Namen Anastasia sowie Anna Tschaikowski als ungeklärt galten.

Das Gericht verfügte eine Gegenüberstellung der Klägerin Anna Anderson mit der gesamten Familie Schanzkowsky, die aus den Brüdern Valerian und Felix sowie den Schwestern Gertrude und Maria Juliana bestand. Erwartungsvoll verfolgten alle Prozeßbeteiligten dieses Zusammentreffen. Im Anschluß an die Gegenüberstellung erklärte Valerian Schanzkowsky: »Nein, diese Dame sieht allzu anders aus.« Alle anderen Geschwister schlossen sich der Aussage des Bruders an. Aber als Anna Anderson den Raum verlassen wollte, rief Gertrude Schanzkowsky ihr plötzlich laut hinterher: »Du bist meine Schwester! Ich weiß es! Du mußt mich erkennen!« So trug die Familie Schanzkowsky nicht, wie die Richter zuvor hofften, zur eindeutigen Klärung des Sachverhalts bei.

Doris Wingender bestätigte als Zeugin vor Gericht ihre bisherigen Aussagen, konnte die Richter aber auch nicht überzeugen, da sie in der Verhandlung sehr unglaubwürdig wirkte und sich mehrfach in Widersprüche verstrickte.

Der Krieg unterbrach den Prozeß und machte den ganzen zukünftigen Verhandlungsablauf in der Nachkriegszeit noch komplizierter. Das Verfahren mußte völlig neu aufgerollt werden. Die größte Schwierigkeit ergab sich dadurch, daß der überwiegende Teil der Prozeßakten sich nun, für die Richter im amerikanischen Sektor unzugänglich, im Ostsektor Berlins befand. Jedes Detail mußte aus Gerichtsprotokollen rekonstruiert werden, ein mühseliges Unterfangen, das einige Jahre verstreichen ließ.

Die Kriegsjahre hatte Anna in Hannover verbracht. 1949 hatte ihr Prinz Friedrich im Dorf Unterlengenhardt, am Westrand des Schwarzwaldes gelegen, eine kleine Holzhütte gekauft, die vor dem Krieg zu einer Heereskaserne gehörte. Diese kleine Baracke, von einem hohen Holzzaun umgeben, war nun das neue Heim der Anna Anderson. Um den ständigen Journalistenansturm und aufdringliche Neugierige abzuhalten (denn die wurden mittlerweile in ganzen Busladungen nach Unterlengenhardt kutschiert), hielt sich Anna vier große, unfreundlich aussehende Hunde zur Abschreckung. Nachbarn berichteten, daß sie tagsüber ihre Hütte nie verließ und nur, wenn es dunkel wurde, sich auf den kleinen Hof wagte. Sie soll in dieser Behausung gemeinsam mit ihren vier Hunden und ungefähr sechzig Katzen gelebt haben, völlig verwahrlost und ungewaschen. Die Nachbarn beschwerten sich mehrfach beim Bürgermeister und beim Gesundheitsamt von Unterlengenhardt, da ihr Hof von Unrat und dem Kot der Hunde unvorstellbar verschmutzt war und Ratten sich auf dem Gelände versammelten. Anna folgte zwar der Forderung der Nachbarn, reinigte den Hof, aber schon nach wenigen Wochen war der alte Zustand wiederhergestellt.

Am 15. Mai 1961 erging in erster Instanz das Gerichtsurteil in Berlin:»Der Anspruch ist unbegründet, die Klagende Anna Anderson wird abgewiesen«. Zwei weitere Jahre dauerte es anschließend, bis der von Annas Anwälten eingebrachte Revisionsanspruch vom Gericht zugelassen wurde. Im April 1964 konnte dann am Hamburger Oberlandesgericht das Revisionsverfahren mit seiner ersten Sitzung eröffnet werden. Zu Sitzungsbeginn erklärte Annas Anwalt

Carl-August Wollmann, daß das Urteil der ersten Instanz Annas Identität nicht in Abrede stellt: »Der Tod der Großfürstin Anastasia kann nicht als einwandfrei bewiesene historische Tatsache angenommen werden«. Fast drei Jahre beschäftigte sich das Gericht mit der Revision, bis es im Februar 1967 das Urteil verkündete: »Anspruch unbegründet«. Auf den knappen Urteilsspruch folgte später die ausführliche Urteilsbegründung auf rund siebenhundert Seiten. Am hundertsten Geburtstag von Zar Nikolaus II., im Mai 1968, erschien Anna in Unterlengenhardt zum letzten Mal in der Öffentlichkeit. Einige Gäste aus dem verbliebenen Freundeskreis hatten sich zu diesem Anlaß im Schwarzwald eingefunden. Anna erschien zu der kleinen Feier, die im örtlichen Gasthof abgehalten wurde, in einem schlichten schwarzen Kleid und einem weiten togaähnlichen Umhang, der ihre schmale kränkliche Figur umhüllte. Auf dem Kopf eine hohe russische Pelzmütze, unter der ihre dünngewordenen grauen Haare hervorschauten. Obwohl sie sehr geschwächt wirkte, waren doch alle Gäste von ihrer Erscheinung sehr beeindruckt.

Nach dieser kleinen Feier schloß Anna sich ein und blieb vier Tage ohne Essen in ihrer Baracke. Als besorgte Freunde die Eingangstür einschlugen, fanden sie Anna ohnmächtig auf dem Sofa liegend vor. Sie wurde in das Neuenburger Krankenhaus eingewiesen und erholte sich in den folgenden Wochen zusehends von dem offensichtlich verspätet eingesetzten Schock wegen des Hamburger Revisionsurteils. In ihrer Abwesenheit ließen die Freunde Haus und Grundstück gründlich säubern und ungefähr sechzig Katzen töten. Als Anna nach ihrer Krankenhausentlassung ihre Behausung betrat, war sie völlig außer sich vor Wut über den »Mord an ihren Tieren«. Sie untersagte ihren Freunden, sie jemals wieder aufzusuchen, und schlug die Tür hinter sich zu.

Am 14. Juli 1968 reiste Anna nach Charlottesville im US-Bundesstaat Virginia, wo sie auf der Farm ihres Gastgebers Dr. John E. Manahan lebte. Manahan war vor Erreichen seines Ruhestands Professor für Geschichte und Politische Wissenschaften an der Universität von Virginia. Das allgemeine Erstaunen war groß, als die beiden gegen Ende des Jahres ihre Hochzeit bekanntgaben. Anna selbst stellte die Heirat als Vernunftehe dar, da ihr Aufenthaltsvisum für die Vereinigten Staaten bald abgelaufen wäre. Ihr Ehemann John war mit neunundvierzig Jahren fast zwanzig Jahre jünger als seine Ehefrau.

In Deutschland ging währenddessen ihr Anerkennungsprozeß in die letztmögliche nationale Instanz mit der Eröffnung des Anhörungsverfahrens vor dem Bundesgerichtshof in Karlsruhe am 19. Januar 1970. Aber auch hier, vor dem obersten deutschen Gericht, wurde ihre Klage abgewiesen. Ihr Anspruch müsse als »non liquet«, das heißt »weder bewiesen noch widerlegt« betrachtet werden. Der Richter Kurt Pagendarm betonte in seiner ausführlichen Begründung, daß seine Entscheidung nichts über Annas wahre Identität aussage. Entschieden wurde nur, daß das Hamburger Urteil ohne juristische Fehler und Verfahrensirrtümer gefällt wurde. Mit dieser Zurückweisung der Klage endete nach zweiunddreißig Jahren der Prozeß, von dem sich die Klägerin Anerkennung als letzte Tochter des russischen Zaren erhofft hatte. Allerdings konnten auch ihre Gegner nicht beweisen, daß sie *nicht* Anastasia war.

Das Haus und Grundstück der Eheleute Manahan in Virginia entwickelte sich ähnlich wie Annas Baracke in Unterlengenhardt. Das einst gepflegte große Anwesen bot schon nach einem Jahr einen erschütternden Eindruck. Die Fenster zur Straße waren mit Pappe vernagelt, um neugierige Blicke abzuschirmen; der Garten war über und über mit Unrat besät. Dichtes Unkraut und Gestrüpp wucherte im Garten, der ringsum mit einem vier Meter hohen Drahtzaun umgeben war. Dieser gewaltige Zaun erfüllte zwei Funktionen. Er sollte zum einen die Manahans vor Neugierigen und Reportern absichern und gleichzeitig die Nachbarn vor vielen Hunden und noch mehr Katzen schützen. Der Inhaber eines nahen Supermarktes berichtete später, daß Mrs. Manahan wöchentlich rund neunzig große Dosen Hundefutter bei ihm bestellt habe. 1978 war ihr Haus so verschmutzt und verfallen, daß es eine gesundheitliche Gefahr für die Umgebung darstellte. »Starker Geruch« und »ohrenbetäubendes Hundegebell« führte zu dauerhaftem Gerichtsstreit mit den Nachbarn.

Am 12. Februar 1984 starb Anna Manahan in Charlottesville. Ihr kranker, ausgemergelter Körper wurde noch am selben Tag eingeäschert. Vier Monate später, am 18. Juni 1984, es war der Tag, an dem die Großfürstin Anastasia ihren 83. Geburtstag gefeiert hätte, wurde ihrem Wunsch entsprechend die Urne mit ihrer Asche auf dem Friedhof von Schloß Seeon beigesetzt. Mit dem Versenken der Urne in russischer Erde, die zu diesem Zweck extra herbeigeschafft wurde, senkte sich auch der Vorhang über das Geheimnis ihres Lebens, das sie nun mit in ihr kleines Grab genommen hatte.

Dieser Vorhang hob sich allerdings unvermutet nach wenigen Jahren noch einmal, denn es passierte etwas, womit bei Annas Tod niemand rechnen konnte. 1991, nach dem Zerfall des Sowjetreiches, wurde das bis dahin geheimgehaltene Massengrab der ermordeten Zarenfamilie entdeckt. Wissenschaftler begannen nun damit, die aufgefundenen Gebeine den einzelnen Familienangehörigen zuzuordnen und wurden dabei zu Kriminologen. Durch genetischen Vergleich mit noch lebenden Romanows konnten alle aufgefundenen Toten identifiziert werden. Dabei gab es eine große Überraschung für die interessierte Öffentlichkeit, denn zwei Leichen fehlten und wurden auch in der näheren Umgebung nicht entdeckt. Nicht gefunden wurde der Zarewitsch Alexej sowie seine Schwester, die Großfürstin Anastasia. Hatte die vielgeschmähte Anna doch Recht behalten?

Die Wissenschaftler forschten nun weiter. Es half ihnen dabei ein kleines Stück Darm, das nach einer Operation Annas in der Klinik aufbewahrt wurde. Aus den Zellen dieses kleinen vertrockneten Darmstückchens gelang es den Wissenschaftlern DNS zu gewinnen, die Träger der Erbsubstanz, die jeden Menschen unverwechselbar machen. DNS, das auch aus uralten Proben noch gewonnen werden kann, ist ein genetischer Personalausweis und im Gegensatz zu anderen Personaldokumenten absolut fälschungssicher.

Nach einem Jahr detektivischer Kleinstarbeit traten die Wissenschaftler vor die gespannt wartende Öffentlichkeit, um den »Fall Anastasia« endgültig aufzuklären. Sie stellten in kargen Sätzen folgendes fest: »1. Der DNS-Vergleich zwischen Anna Anderson und der Zarenfamilie beweist, daß Anna Anderson kein Mitglied dieser Familie war. 2. Der DNS-Vergleich zwischen Anna Anderson und der Familie Schanzkowsky beweist, daß Anna Anderson in Wirklichkeit die 1896 geborene polnische Arbeiterin Franziska Schanzkowsky war.«

KARL FRIEDRICH BERNOTAT
Ein Bibliomane wird zum Meisterdieb

Direktor Karl Friedrich Bernotat war vom Scheitel bis zur Sohle ein Mann von Welt. Kultiviert, charmant und im Berufsleben außerordentlich erfolgreich. Sein Handelsunternehmen importierte ausländische Automobile für den deutschen Markt und exportierte gleichzeitig deutsche Fahrzeuge in die europäischen Nachbarländer. Er verkaufte aber nicht nur die Autos, er belieferte den Fachhandel auch mit Ersatzteilen, diversem Zubehör, Spezialwerkzeugen, Ölen und Schmiermitteln. Seine Firma genoß einen guten Ruf und Bernotat verdiente glänzend. Autos waren ein gutes Geschäft in den zwanziger Jahren, und auch die Zukunft sah mehr als glänzend aus. Seinem Einkommen entsprechend lebte Bernotat mit seiner schönen Ehefrau in einer elegant möblierten Acht-Zimmer-Wohnung in der Wilmersdorfer Johann-Georg-Straße, nahe dem Kurfürstendamm. Wenn ein Besucher erstmals seine Wohnung betrat, konnte er auf Anhieb eine Leidenschaft Bernotats erkennen: Bücher. Es gab kaum eine Wand, die nicht durch Regale verstellt war, gefüllt mit Tausenden von Büchern.

Ein weiteres seiner wenigen Laster, wie er es selbst einmal nannte, waren Rennpferde. Dabei war er kein von Wettleidenschaft besessener Zocker, sondern ein Liebhaber eleganter Pferde, der von der Geschmeidigkeit und Schönheit dieser edlen Tiere begeistert war. Er besaß einen eigenen Berliner Rennstall und verbrachte so viel wie möglich seiner freien Zeit mit den sechzehn Vollblütern, die einen hübschen Teil seines Einkommens verschlangen.

Im Juli 1921 verbrachte Karl Friedrich Bernotat den Abend in einer kleinen, als »diskret« bekannten Charlottenburger Pension in Begleitung einer jungen Schönheit. Wie der Zufall manchmal leider so spielt, ereignete sich zur nämlichen Zeit in dem Etablissement ein Juwelen-Diebstahl. Der bestohlene Gast, ein Berliner Schmuckhändler, rief die Polizei, die daraufhin alle anwesenden Pensionsgäste überprüfte. Eine Angestellte des Hauses lenkte bei der Befragung durch die Beamten den Verdacht auf Karl Friedrich Bernotat. Sie behauptete, daß sie in ihm einen Mann wiedererkenne, der vor längerer Zeit, als sie noch als Hausmädchen tätig war, bei ihrer damaligen Arbeitgeberin einen wertvollen Pelzmantel gestohlen hätte.

Bernotat mußte die Beamten auf das nahe gelegene Revier begleiten, wo sich aber bald herausstellte, daß der durch das Hausmädchen ausgesprochene Verdacht vermutlich auf eine Verwechslung zurückzuführen sei. Nach sorgfältiger Prüfung und Durchsicht der Verbrecherkartei stand seiner Freilassung eigentlich nichts mehr im Wege. Einem Kriminalbeamten kam allerdings Bernotats Gesicht bekannt vor, er konnte sich jedoch beim besten Willen nicht mehr erinnern, in welchem Zusammenhang er es schon gesehen hatte.

Der Beamte verließ den Raum und suchte in einem Nachbarbüro seinen berühmten Kollegen der Berliner Mordkommission, Ernst Gennat, auf, dem er die Geschichte erzählte. Unter dem Vorwand, eine Akte zu suchen, begab sich Gennat in den Raum, wo Bernotat auf seine Entlassung wartete. Er war sich sicher, daß er den Mann noch nie gesehen hatte, trotzdem nahm er den Verdacht seines Kollegen nicht auf die leichte Schulter.

Gennat schaute in das Haftbuch, in dem jeder verzeichnet war, der schon einmal in polizeilichen Gewahrsam geraten war. Trotz genauer Durchsicht fand er dort den Namen Bernotat nicht. Er entdeckte aber eine Buchseite, die ungewöhnlich gewölbt war. Bei genauerem Hinsehen erkannte der erfahrene Kriminalist, daß hier eine frühere Eintragung sehr sorgsam mit einem scharfen Messer herausgeschnitten und das Loch durch ein Papierstück kunstvoll verdeckt worden war. Gennat war empört. Offensichtlich hatte ein Angehöriger der Kriminalpolizei – denn kein anderer hatte zu den Büchern Zugang – mit Ganoven gemeinsame Sache gemacht und eine Eintragung verschwinden lassen.

Gennats berühmter Instinkt war nun geweckt. Er sah beim Erkennungsdienst die Verbrecheralben durch, in denen alle großen und kleinen Ganoven Berlins, wie in einem Familienalbum, Aufnahme fanden. Nach einigen Minuten stieß er auf ein sorgsam mit Papier zugeklebtes Foto, das mit dem Vermerk »Verstorben!« versehen war. So pietätvoll ging man eigentlich nicht mit den Fotos verstorbener Verbrecher um, normalerweise wurde in so einem Fall das Foto nur durchgestrichen. Er entfernte vorsichtig das überklebte Papier und siehe da, es tauchte das Konterfei des Autohändlers Bernotat auf, der zweimal wegen Einbruchsdiebstählen vorbestraft war.

Gennat rief daraufhin seine Kollegen an, die nun Bernotat gleich dabehielten. Obwohl Gennat als Leiter der Mordkommission für diesen Fall nicht zuständig war, schaltete er sich trotzdem in die folgenden Untersuchungen ein, zumal es nun darum ging, einen Mitarbeiter der Kripo zu entlarven, der mit Ganoven gemeinsame Sache machte. Bei der Durchsuchung von Bernotats Wohnung wurden viele Kunstgegenstände, Teppiche und Schmuck gefunden, die aus über hundert Hotel- und Villeneinbrüchen stammten.

Ernst Gennat, von den Kollegen wegen seiner 125 Kilogramm Lebendgewicht auch »voller Ernst« genannt, sah sich in Bernotats umfangreicher Bibliothek um und beschäftigte sich mit der Frage, warum ein nachweislich wohlhabener Mann, der schon durch sein ehrlich verdientes Einkommen im Überfluß leben könnte, in Villen und Hotels einbricht. Aufmerksam betrachtete er die bis zur Decke reichenden Bücherregale und zog auch das eine oder andere Exemplar heraus.

Nachdem er einige der Bücher genauer studiert hatte, wurde ihm klar, daß es sich nicht nur um sehr viele, sondern um ausgesprochen seltene und wertvolle Bücher handelte, die hier zu Tausenden die Regale füllten. Zahllose Erstausgaben und bibliophile Raritäten hatte Bernotat zusammengetragen. Herbeigerufene Experten stellten fest, daß in den Regalen eine Büchersammlung von unschätzbarem Wert lagerte. Bernotat war offensichtlich ein Bibliomane, der unter dem Zwang stand, die wertvollsten Bücher besitzen zu müssen. Trotz seines hohen Einkommens hätte er sich eine Bibliothek dieser Qualität nie leisten können. So beging er die zahlreichen Einbrüche um seiner Leidenschaft frönen zu können.

Der Prozeßbeginn gegen den Büchernarren war auf den 2. August 1922 festgelegt. Wenige Tage vor diesem Datum passierte etwas Unglaubliches: über Nacht verschwanden sämtliche Untersuchungsakten zum Fall »Bernotat«, ohne daß in die Räume der Staatsanwaltschaft mit Gewalt eingebrochen worden wäre. Dieser Vorfall machte klar, daß Bernotat einen Helfer im Polizeipräsidium haben mußte. Es blieb nichts anderes übrig, als den Gerichtstermin zu verschieben, um in der Zwischenzeit in mühseliger Kleinarbeit alle Ermittlungen zu rekonstruieren. Für Ende September 1922 war ein neuer Verhandlungsbeginn festgesetzt worden, zu dem es allerdings auch nicht kam, denn plötzlich war Karl Friedrich Bernotat aus der Untersuchungshaftanstalt verschwunden. Wie sich später herausstellte, hatte ein Anwalt die Erlaubnis erhalten, Bernotat aufzusuchen. Eigentlich ein ganz normaler Vorgang, nur hatten die Vollzugsbeamten nicht darauf geachtet, daß es einen Anwalt mit dem angegebenen Namen in Berlin gar nicht gab. Und noch schlimmer: niemand achtete darauf, als dieser vermeintliche Anwalt wenige Minuten später die Untersuchungshaftanstalt gemeinsam mit einem anderen Mann in Anwaltsrobe verließ.

Für die Zeitungen war dieser Vorfall natürlich ein gefundenes Fressen, das in zahlreichen Sensationsberichten ausgeschlachtet wurde. Gennat war sich sicher, daß der fast zwanghafte Bibliomane weitere Einbrüche begehen würde. So verfolgte er alle Meldungen über größere Einbrüche, egal, wo sie in Deutschland verübt wurden. Wie ein roter Faden führte Bernotats Spur in Richtung auf das luxuriöse Kurbad Wiesbaden, wo er schon in der Vergangenheit mehrfach Einbrüche unternommen hatte. Die Polizei überwachte auf Gennats Anweisung alle großen Hotels der Stadt.

Nach einigen Tagen wurde bei einem Einbruch in das *Palast Hotel* Bernotats Sekretär festgenommen, der, wie sich herausstellte, schon mehrere Jahre als Bernotats Helfer an Einbrüchen beteiligt war. Bei seiner Vernehmung durch die Polizei gab er auch zu, daß er als Anwalt getarnt die Befreiung seines Chefs aus der Untersuchungshaft organisiert hatte. Nach anfänglichem Leugnen verriet der Sekretär den Unterschlupf seines Arbeitgebers. Bernotat hatte sich in einer kleinen Pension am Rande Wiesbadens einquartiert. Als die Polizei ihn festnehmen wollte, unternahm er einen letzten Fluchtversuch. Er sprang aus dem Fenster der Pension. Da sich sein Zimmer aber in der zweiten Etage befand, endete dieser Versuch mit einem gebrochenen Bein.

Für Kommissar Gennat war die Verhaftung Bernotats nur ein Teilerfolg. Ihn beschäftigte weiterhin die Frage, wer von den Mitarbeitern im Polizeipräsidium am Alexanderplatz zu den Helfern des Festgenommenen gehörte. Zur Lösung dieser Frage griff er zu einem Trick, der nicht ganz legal war, sich aber als äußerst wirkungsvoll erwies. Er ließ Bernotats Ehefrau verhaften, obwohl er genau wußte, daß sie an seinen Raubzügen nicht beteiligt war. Er arrangierte eine

Zusammenkunft mit ihrem Mann und ließ die beiden, entgegen polizeilicher Vorschrift, für einen Moment allein. Nach dem Treffen ordnete Gennat die Durchsuchung der Frau an, da er hoffte, daß Bernotat ihr eine geheime Mitteilung zugesteckt hatte. Gennat hatte Glück, es wurde ein Zettel bei ihr gefunden mit einer Nachricht an einen Kriminalwachtmeister im Erkennungsdienst. Nach anfänglichem Leugnen gestand dieser, gegen Bezahlung Bernotats Eintragungen in den Unterlagen der Kripo entfernt zu haben.

Am 11. Januar 1923 begann vor der Strafkammer des Landgerichts Berlin III, im nunmehr dritten Anlauf, der Prozeß gegen den Meistereinbrecher Karl Friedrich Bernotat. Wie bei solch spektakulären Fällen üblich, war der Zuschauerraum bis auf den letzten Platz gefüllt. Bernotats Verteidigung übernahm wieder einmal Dr. Erich Frey, der einen guten Riecher für popularitätssteigernde Fälle hatte. Der Staranwalt wurde aber von seinem Mandanten überrascht, als dieser entgegen seinem Rat plötzlich alles, was er zuvor gestanden hatte, leugnete. Bernotat hatte wohl gehofft, daß die Beweise für eine Verurteilung nicht ausreichten. Dabei irrte er aber gewaltig. Die Richter, wenig beeindruckt von seinen Winkelzügen, verurteilten ihn zu einer zehnjährigen Zuchthausstrafe.

Vier Jahre nach seiner Entlassung aus dem Zuchthaus Tegel stand Karl Friedrich Bernotat nochmals vor Gericht. Wieder hatte er mehrere Einbrüche begangen, um sich abermals eine Büchersammlung zuzulegen. Die Justiz der Nazizeit brachte kein Verständnis für seine »Sucht« auf und verurteilte ihn zu einer vierjährigen Zuchthausstrafe mit anschließender Sicherheitsverwahrung.

Sicherheitsverwahrung als sogenannter »Volksschädling«, wie Berufsverbrecher in dieser Zeit genannt wurden, bedeutete meist den Tod. So auch bei Karl Friedrich Bernotat. Wie viele andere wurde er 1938 an unbekanntem Ort »auf der Flucht erschossen«.

DER FALL KRANTZ
Schülermord in Steglitz

Am 28. Februar 1928 endete in den Nachmittagsstunden vor dem Schwurgericht II in Moabit der »Sensationsprozeß des Jahres« gegen den neunzehnjährigen Oberprimaner Paul Krantz mit einem Freispruch. Nur wenige Minuten nach der spektakulären Urteilsverkündung erschien der Strafverteidiger des Angeklagten, Dr. Erich Frey, vor dem Gerichtssaal, wo er von einem Blitzlichtgewitter und mehr als neunzig Reportern empfangen wurde, die ihn mit Fragen bestürmten. »Meine Herren, ich habe ihnen doch bereits bei Prozeßbeginn gesagt, daß mein Mandant unschuldig ist und er als freier Mensch dieses Gerichtsgebäude am Ende des Verfahrens verlassen wird«, verkündete der erfolgsgewohnte Berliner Anwalt.

Was war vor mehr als sechs Monaten in Berlin geschehen, das zu diesem aufsehenerregenden Prozeß führte, der noch lange über das Urteil des Gerichts hinaus die Zeitungsleser bewegte?

In der Nacht zum 28. Juni 1927 ereignete sich in Steglitz ein Drama von Liebe und Eifersucht unter jugendlichen Schülern, wie es sich spektakulärer kaum ereignen konnte. Der neunzehnjährige Oberprimaner Paul Krantz war nach anhaltenden Auseinandersetzungen mit seinem Vater einige Tage zuvor aus der elterlichen Wohnung ausgezogen. Sein Freund und Klassenkamerad Günther Scheller hatte Krantz angeboten, vorübergehend in das Wochenendhaus seiner Familie in Mahlow einzuziehen, da dieses nur äußerst selten genutzt wurde. Paul Krantz, den sein Klassenlehrer später vor Gericht als etwas weichlichen, aber musisch sehr begabten Schüler beschrieb, nahm das Angebot gerne an.

Paul Krantz hatte sich einige Wochen zuvor, selbstverständlich unsterblich, in die sechzehnjährige Hilde Scheller, die jüngere Schwester seines Freundes verliebt. Hilde war ein ausgesprochen hübsches Mädchen, das für ihr Alter sehr frühreif wirkte. Für Krantz war sie die erste große Liebe seines Lebens; sie hatten in den letzten Wochen viele glückliche Stunden verbracht. Groß muß daher für ihn der Schock gewesen sein, als Hilde am Nachmittag des 27. Juni ihm mitteilte, daß sie seit einigen Tagen einen neuen Freund hatte und die Beziehung zu Paul beenden wollte. Wie Krantz später aussagte, lernte er an diesem Tag zum ersten Mal das bohrende Gefühl von Eifersucht kennen.

Am gleichen Abend trafen sich Hildes Bruder Günther und Paul in dem Mahlower Wochenendhaus, wo sie gemeinsam ihren Kummer in Alkohol ertränkten. Auch Günther fühlte sich von seiner Schwester hintergangen, da er ihren neuen Freund, den neunzehnjährigen Kochlehrling Hans Stephan, haßte, seitdem dieser Günthers Vater von den homosexuellen Neigungen seines Sohnes erzählt hatte. In alkoholisiertem Zustand beschlossen die beiden Freunde, Hilde sofort zur Rede zu stellen und sie von der Beziehung zu Hans Stephan abzubringen. Zu später Stunde trafen sie in der Schellerschen Wohnung in der Steglitzer Albrechtstraße 72c ein. Die Mutter war verreist, der Vater wie so häufig in Geschäften unterwegs, so daß Hilde allein zu Hause sein mußte.

Als die beiden Hildes Zimmer betraten, saß sie mit Hans Stephan auf der Couch. Günther war wütend auf seine Schwester, da er ihr den Umgang mit Hans untersagt hatte. Es folgte ein lautstarker Streit, in dessen Verlauf Günther Scheller den Geliebten seiner Schwester erschoß, um sich anschließend selbst mit zwei Schüssen zu töten. Wenig später traf die von den Nachbarn alarmierte Polizei ein. Unter Schock klagte Paul Krantz sich selbst des Mordes an, und Hilde Scheller bestätigte seine Schuld vor den ermittelnden Beamten. Krantz wurde daraufhin unter dem Verdacht des Doppelmordes verhaftet und in die Untersuchungshaftanstalt Moabit eingeliefert.

Bei der am 9. Februar 1928 eröffneten Schwurgerichtsverhandlung lautete die Anklage gegen Paul Krantz auf Teilnahme am Mord. Sollte der neunzehnjährige Gymnasiast schuldig gesprochen werden, drohte ihm die Todesstrafe. Die Verhandlung entwickelte sich zu einem Sensationsprozeß, da der Landesgerichtsdirektor und stellvertretende Landesgerichtspräsident Dust es nicht für notwendig erachtete, diesen Fall, der eigentlich vor das Jugendgericht gehörte, wenigstens zum Teil unter Ausschluß der Öffentlichkeit zu verhandeln. So berichtete die Presse ausführlich über die außerordentlich rücksichtslosen Befragungen der jugendlichen Hilde Scheller und ihrer Freundin Ellinor Ratti durch Richter Dust, zu jeder Einzelheit ihres »sexuellen Erwachens«. Als daraufhin Dr. Erich Frey ankündigte, die Verteidigung niederzulegen, wenn der Vorsitzende sich nicht etwas zügele, drohte der »Fall Krantz« zu einem »Fall Dust« zu werden.

Paul Krantz wurde vom Staatsanwalt beschuldigt, der »intellektuelle Urheber« des Mordes zu sein. Gegen ihn sprach auch die Tatsache, daß ihm die Tatwaffe gehörte, mit der Hans Stephan getötet wurde und die Günther Scheller anschließend gegen sich selbst richtete. Der Gerichtsreporter Paul Schlesinger, der als »Sling« für die *Vossische Zeitung* über den Prozeß berichtete, charakterisierte den Angeklagten: »Als ein begabter Schüler steht er vor einem Richter. Blond, wohlfrisiert, was man so sagt, ein hübscher Junge. (...) Artig und respektvoll verhält er sich in dem Zwiegespräch mit dem Vorsitzenden. Das sexuelle Leben ist zweifellos sehr früh erwacht und wird sehr früh zum Zentrum aller Gedanken. Das Liebeswesen Hilde Scheller, das mit 16 Jahren doch schon einiges durchgemacht hat«, wird auch von Sling beschrieben: »Recht jungfräulich, zart und frisch steht sie da mit allen farbigen Kontrasten, die ihr die Natur mitgegeben: Ein dunkelbrauner glatthaariger Bubikopf unter schwarzen Brauen und Wimpern zwei dunkelblaue Augen, die zarten Wangen in dem feinen und klug geschnittenen Gesicht frisch gerötet, die Stimme sanft, silbern hell. Aber eindrucksvoller noch als die anmutige Erscheinung, die Klarheit ihres Denkens, die Sicherheit und Ruhe, mit der sie ihre gefährdete Situation verteidigt. (...) Und anmutig ist Hilde, anmutig genug, um die Sinne von Männern zu verwirren, die es weiter gebracht haben als bis zur Prima.«

Um zu untermalen, daß Hilde der »aktive Teil« in der Liebesbeziehung war, zitierte die Verteidigung ein Gedicht, das Hilde Scheller in Pauls Tagebuch geschrieben hatte: »Ich fürcht', du bist darin noch ziemlich unerfahren; / Beeile dich, du hast schon viel versäumt. / Was nützt die Liebe in Gedanken, / Ein Mädel wird sich schön bedanken, / Wenn deine Liebesglut nur aus Gedichten spricht. / Doch dies ist ja kein Grund sich zu erschießen; / Es würde wohl dann manche andre Träne fließen. / Das lohnt sich sicherlich in Deutschland nicht.«

Wie in einem literarischen Proseminar konterte der Staatsanwalt daraufhin mit einem Gedicht unter dem Titel »Mord«, das Paul

Krantz einige Monate vor der Tat geschrieben hatte:»Auf dem Boden liegt die Leiche meines Freundes Robert Krause. / Aus der Wunde sickert langsam rotes Blut zur grauen Erde. / Neben ihm sitzt starren Blickes der, der ihn gemordet hat. / Es verglimmt die Zigarette zitternd in der Mörderhand. / Blutbeschmiert liegt neben ihm der Dolch, der den getroffen, / Der ihm seine Liebste stahl, den die Rache jetzt erreichte. / Und mit mattem Flügelschlage schwingt sich krächzend / Fort die Krähe, einzige Zeugin dieser Tat. / Rot fließt Blut zur grauen Erde. Es verglimmt die Zigarette.« Tumultartige Szenen spielten sich daraufhin im Gerichtssaal zwischen Anklagevertretern und Verteidigung ab.

So poetisch wie Sling Paul Krantz und Hilde Scheller für die Leser der *Vossischen Zeitung* beschrieb, mit der Staatsanwaltschaft und dem Richter verfuhr er erheblich weniger nachsichtig:»Diese Verhandlung, dieser ganze Prozeß: eine erschreckende Ungeistigkeit, eine Anklageschrift, auf die man kein Verfahren eröffnet, sondern über die ein kluger Strafkammervorsitzender eine Beschwerde an den Justizminister verfaßt. Daß man es wagte, so ein haltloses Machwerk einem denkenden Richter vorzusetzen! Was zur Entkräftung der winzigen Verdachtsmerkmale geschehen konnte, mußte sich jeder vernünftige Mensch selber sagen. (...) Und die Staatsanwaltschaft im Gerichtssaal – ein vergessenes Requisit der Wilhelminischen Ära, von verzweifelter Überflüssigkeit. Zwei Staatsanwälte braucht man, um so tief zu ruhen. (...) Stumpf, müde, nur dasitzend und gelegentlich – ach, mit welch kläglichen Mitteln – Staatsautorität zu markieren.«

Obwohl schon vor dem 28. Februar 1928, dem Tag der Urteilsverkündung, die meisten Prozeßbeobachter mit einem Freispruch des Angeklagten Paul Krantz rechneten, blieb bis zum Schluß eine gewisse Unsicherheit über die Urteilsfähigkeit des Richters, der sich wie andere Prozeßbeteiligte in diesem Verfahren nicht gerade mit Ruhm bekleckert hatte.

Paul Krantz verließ sofort nach seiner Freilassung Berlin. 1933 emigrierte er dann nach Frankreich, wo er mehrere Romane schrieb, von denen zwei,»Die Mietskaserne« und»Weg ohne Rückkehr«, in den achtziger Jahren auch in Deutschland erschienen. In Paris traf er sich noch mehrfach mit seinem Berliner Anwalt, der ebenfalls aus

Deutschland vor den Nationalsozialisten fliehen mußte. Dr. Erich Frey hatte, wie Krantz später schrieb, die Verteidigung des damaligen Schülers völlig honorarfrei übernommen. Einst einer der berühmtesten Staranwälte Deutschlands, hatte er nun große Mühe, sich in Paris über Wasser zu halten. Da er als Anwalt in Paris nicht arbeiten durfte, versuchte er alles mögliche und war auch eine Zeitlang Geschäftsführer und Rechtsberater einer indischen Künstlertruppe.

Mit dem Einmarsch der Nazis nach Frankreich mußten beide ihre Flucht fortsetzen. Gemeinsam verschlug es sie auf den amerikanischen Kontinent, aber zu entgegengesetzten Polen. Frey ging nach Santiago de Chile, Paul Krantz zunächst nach New York.

In Amerika übernahm er unter dem Namen Ernst Erich Noth mehrere Professuren. Nach Kriegsende kehrte er nach Deutschland zurück, wo er an der Universität Frankfurt als Professor für Literaturwissenschaft einen Lehrstuhl übernahm. 1971 erschien seine Autobiographie unter dem Titel »Erinnerungen eines Deutschen«, in der er auch über den ehemaligen »Sensationsprozeß« berichtete.

DIE GEBRÜDER SASS
Es ist noch kein Meister vom Himmel gefallen

Am Montag, dem 28. Januar 1929, beginnt der Arbeitstag für den Bankkassierer Klaus Nürnberg wie an jedem anderen Wochentag mit dem Gang in den Keller der Depositenkasse der Diskonto-Gesellschaft in der Kleiststraße 23, direkt am Wittenbergplatz. Der Kassierer muß aus dem Tresor das Geld für die Kasse nach oben holen, bevor in wenigen Minuten die Filiale öffnet. Leicht dreht sich der Schlüssel im Schloß der Tresortür. Sie läßt sich aber trotzdem, auch nach mehreren Versuchen, nicht öffnen.

Er ruft seinen Vorgesetzten zur Hilfe, der aber ebenfalls erfolglos bleibt. Nach Rückfrage in der Zentrale ruft der Filialleiter die Firma S.J. Arnheim an, die den Tresor erst vor einigen Monaten eingebaut hatte. Die bald eintreffenden Spezialisten vermuten, daß Erschütterungen der nahen U-Bahn zu einer Verkantung der vierzig Zentner schweren Tresortür geführt haben. So sehr sie sich auch mit allem zur Verfügung stehenden Spezialwerkzeug abmühen, – die Tür bleibt zu. So bleibt nur ein Weg: drei kräftige Maurer sollten am nächsten Tag damit beginnen, ein Loch neben der Tresortür in die dicke Betonwand zu stemmen. Fünfundsechzig Zentimeter Beton, dazwischen stabile Stahlarmierung, das ist eine Aufgabe, die nicht in kurzer Zeit zu lösen ist. Erst am Mittwoch gegen Mittag ist der Durchbruch geschafft, allerdings nur so groß, daß der Filialleiter gerade seinen Kopf durchstecken kann. Was dieser dann sieht, bereitet ihm wenig Freude.

Im Inneren des Tresorraums bietet sich ein Bild der Verwüstung. Einbrechern war es offensichtlich gelungen, in den neuen und als einbruchssicher geltenden Tresorraum einzudringen. Zwei Räume befinden sich hinter der unbeschädigten Stahltür, erst die sogenannte Silberkammer und dahinter, durch eine stabile Stahlgittertür nochmals abgeteilt, der eigentliche Tresorraum mit den Safes der Bankkunden, in denen diese ihre privaten Vermögenswerte aufbewahrten. Soweit der Filialleiter es sehen konnte, waren fast alle Kundentresore aufgebrochen. Die dazugehörigen Stahlkassetten waren geleert und anschließend auf den Boden geworfen worden. Alles, was die Einbrecher nicht interessiert hatte, lag ebenfalls kreuz und quer verstreut im Tresorraum herum.

Die eilig herbeigerufene Polizei erscheint in Spitzenbesetzung am Tatort. Allen voran der Berliner Polizeipräsident Zörgiebel, dicht gefolgt von seinem Vize Weiß. Dahinter Beamte der Abteilung IV B 6 mit den leitenden Kommissaren Zapfe und Quoos sowie dem Kriminalsekretär Max Fabich. Vor der Bank versuchen indessen Polizeibeamte, die stark anwachsende Menge an Schaulustigen vom Eingang fernzuhalten. Wie ein Lauffeuer hatte sich herumgesprochen, daß sich in der Kleiststraße ein spektakulärer Bankeinbruch ereignet hatte. Schon vor dem Eintreffen der Polizei hatten sich zahlreiche Journalisten eingefunden, die mit ihren Fotoapparaten ein wahres Blitzlichtgewitter auslösten.

Zur gleichen Zeit beginnen im Keller der Bankfiliale die ersten Ermittlungen der Kripo. Die Maurer hatten die Zwischenzeit genutzt, den Durchbruch noch etwas zu vergrößern, so daß ein schlanker Polizist als erster in das Innere des Tresorraums klettern kann.

Warum sich die Tresortür von außen nicht öffnen ließ, klärt ein erster Ermittlungsbericht der Polizei:»Um sich vor Überrumpelung zu schützen, schlugen die Täter eine circa 25 Millimeter starke Scheibe, die die Riegelung der schweren Arnheim-Tür von innen schützt, ein. Jetzt klemmten sie zwischen die einzelnen Riegel die abgerissenen Stahlplatten der einzelnen Schließfächer. Auf diese Art war es nicht möglich, die Tür von außen öffnen zu können ...«. Die solide Bauweise der Arnheimschen Stahlkammertür schützte so die Einbrecher vor vorzeitiger Entdeckung.

Von den insgesamt 181 Kunden-Safes waren 179 aufgebrochen und geplündert worden. Der für die Täter nicht interessante Inhalt der Safes fand sich nun auf einem großen Haufen auf dem Fußboden, darunter Wertpapiere, eine wertvolle Briefmarkensammlung (wie sich später herausstellte, von unschätzbarem Wert) sowie eine von Richard Wagner geschriebene Original-Partitur von *Tristan und Isolde*.

Die Einbrecher hatten sich offensichtlich viel Zeit gelassen, um alles für sie Wertvolle aus dem großen Angebot auszuwählen. Auf einem Tisch in der Mitte des Raumes standen zwei geleerte Weinflaschen. Offensichtlich hatten sie den großen Erfolg an Ort und Stelle gefeiert.

Nun machen sich Kriminalsekretär Max Fabich und seine Kollegen an die Arbeit, um zuerst festzustellen, wie die Täter überhaupt in den Tresorraum gelangen konnten. In der Decke der Silberkammer finden sie eine kleine rechteckige Öffnung, darunter steht ein Regal und vor diesem liegt ein Ventilator, der ursprünglich in der Deckenöffnung seinen Platz hatte. Max Fabich nutzt, wie vermutlich die Täter auch, das Regal als Leiter und zwängt sich in den engen Schacht, der für gute Luft im Tresorraum sorgen soll. Einen Moment später ist er gänzlich in der Decke verschwunden und es dauert einige Zeit, bis er wieder bei seinen Kollegen auftaucht, diesmal aber nicht durch den Luftschacht, sondern ganz normal durch den Haupteingang der Bankfiliale.

Fabich hatte den Weg der Einbrecher zurückverfolgt und nun ist ist ihm klar, auf welchem Wege sie in den Tresor gelangten. Ausgangspunkt war der Hinterhof des Gebäudes, der über die Toreinfahrt der Bayreuther Straße zu erreichen war. Vom Hof aus drangen sie zuerst mit einem Nachschlüssel oder einem Dietrich in den Keller ein. Als die Beamten über den Hof zum Keller gehen, machen einige Hühner, die in einem Verschlag ihr Leben fristen, einen Höllenlärm, verstärkt durch das Gekläffe eines scharfen Wachhundes.

Die Beamten erfahren zu ihrem Erstaunen von der Portiersfrau des Hauses, der die Tiere gehören, daß in der besagten Nacht des Einbruchs weder der Hund gebellt, noch die Hühner auffällig laut gegackert hatten.

Im Keller angelangt, drangen die Einbrecher bis zu einem gemauerten Luftschacht vor, in den sie einen Durchbruch stemmten. Durch die Öffnung waren sie in den Schacht geklettert, der in diesem Bereich waagerecht verlief. Nach einigen Metern stemmten sie sich aus dem Schacht wieder heraus und begannen mit dem Ausschachten eines drei Meter langen und neunzig Zentimeter hohen Stollens, der unter dem Bürgersteig der Kleiststraße, parallel zur Grundmauer des Hauses, in Richtung Bayreuther Straße führte. Dieser Tunnel war fachmännisch mit Holzbohlen abgestützt und mit Brettern verkleidet worden, die ein Nachrutschen des Sandes verhinderten. Der Stollen endete am Luftschacht des Tresorraums, der durch armdicke Gitterstäbe gesichert war. Für die Täter war das Gitter aber kein großes Hindernis, sie hatten alle Stäbe feinsäuberlich herausgeschweißt. Direkt hinter dem Gitter befand sich dann der Ventilator, der von den Tätern aus der Halterung gelöst und nach innen in die Silberkammer gestoßen wurde.

Nun befanden sie sich in der Silberkammer, die von dem eigentlichen Tresorraum durch eine Stahlgittertür getrennt war. Auch hier zertrennten die Einbrecher einige der armdicken Streben aus gehärtetem Stahl mit dem Schneidbrenner und zwängten sich in das Allerheiligste der Bank.

Die Vorbereitungen zu diesem Tresorbruch mußten Wochen, wenn nicht sogar Monate gedauert haben, denn arbeiten konnten die Täter nur nachts oder am Wochenende. In der Zwischenzeit hatten sie den Wanddurchbruch im Keller durch eine kunstvoll aus Gips und Pappe gefertigte Attrappe getarnt. Ungefähr fünf Kubikmeter Sand, der beim Tunnelbau anfiel, mußten sie unauffällig verschwinden lassen und jedesmal nach ihrem Arbeitseinsatz alle Schmutzspuren gründlich beseitigen, damit die Portiersfrau nicht mißtrauisch wurde. Den Bodenaushub hatten sie in einem benachbarten Keller unter einem großen Kokshaufen vergraben, was die Polizei erst nach Tagen entdeckte. Außerdem mußten sie sich mit den Hühnern und dem Wachhund der Portiersfrau angefreundet haben, damit diese sie nicht durch unnötigen Lärm verrieten.

Dieser tollkühne Einbruch hat sich für die Täter gelohnt. Zwar wurde von der Disconto-Gesellschaft offiziell nur ein Verlust von 150 000 Reichsmark angegeben, der wahre Schaden für die Kunden muß aber erheblich höher gewesen sein, nur wurde er aus Angst vor dem Finanzamt größtenteils verschwiegen. Neben Bargeld in verschiedenen Währungen wurden Goldbarren, Goldmünzen und eine große Menge an Schmuck gestohlen. Der von der Polizei geschätzte Schaden beträgt 1,2 bis 2 Millionen Reichsmark.

Alle Berliner Zeitungen berichten in großen Artikeln von diesem kühnen Tresorraub. Die Boulevardblätter drucken in hoher Auflage Extra-Ausgaben, in denen sie auf mehreren Seiten den Einbruch schildern. Die noch unbekannten Täter werden als »Meisterdiebe von Berlin« wegen ihrer Cleverneß gefeiert und die ziemlich ratlos wirkende Polizei entsprechend lächerlich gemacht.

Obwohl das Bankhaus seinen empörten Kunden sofort zusagt, die angegebenen, aber nicht überprüfbaren Verluste zu sechzig Prozent zu ersetzten, ist der Ruf des Unternehmens so lädiert, daß es sich davon nie wieder richtig erholen wird. Ähnlich ergeht es auch der Firma S.J. Arnheim, deren Panzerschränke als die sichersten in Europa galten. Durch die Negativ-Schlagzeilen in der Presse, verstärkt durch die weltweite Krise dieser Zeit, gerät das traditionsreiche Familienunternehmen mit Sitz in der Weddinger Badstraße in wirtschaftliche Schwierigkeiten. Wenige Monate nach dem Tresoreinbruch muß Arnheim zur Abwehr des drohenden Konkursverfahrens mit seinem Reinickendorfer Konkurrenten, der Geldschrankfirma Ade, fusionieren.

Kriminalsekretär Max Fabich ist sich am Ende des ersten Tages der Ermittlungen sicher, welche Ganoven für den dreisten Tresoreinbruch verantwortlich sind. Die dreiste Art und Weise ihres Vorgehens, die akribischen Vorbereitungen sowie die konsequente Durchführung deuten auf zwei Brüder – Franz und Erich Sass.

Fabich ist überzeugt davon, daß diese beiden Brüder schon für einige Tresoreinbrüche in den zurückliegenden zwei Jahren verantwortlich waren. Allerdings konnte er ihnen bisher nie etwas beweisen, und so war es bisher nur bei Vernehmungen geblieben, die letztlich zu nichts geführt hatten.

Fast drei Wochen hatte es gedauert, bis Max Fabich einen Hausdurchsuchungsbefehl für die Wohnung, in der die Gebrüder Sass noch im Kreis der Familie leben, erhält. Obwohl er jeden Gegenstand in der Wohnung mehrfach umdrehen läßt, wird nicht viel gefunden, was mit dem Tresorraub im Zusammenhang stehen könnte. Die Beamten beschlagnahmen ein Börsenhandbuch, einen amerikanischen Golddollar, zwei Paar Gummihandschuhe, einen Dietrich und etwas Werkzeug. Franz und Erich Sass werden vorübergehend festgenommen und zur Vernehmung ins Polizeipräsidium am Alexanderplatz gebracht. Die Verhöre bringen Fabich in seinen Ermittlungen nicht weiter. Die Brüder haben Alibis für die Tatzeit und auch für die bei der Durchsuchung aufgefundenen Gegenstände Erklärungen, die nicht zu widerlegen sind. Das Börsenhandbuch wollen sie für ihren kleinen Bruder gekauft haben, der war gerade vierzehn Jahre alt und suchte eine Lehrstelle und da dachten die älteren Brüder, daß eine Banklehre in der heutigen Zeit doch gar nicht schlecht sei. Die Gummihandschuhe benutzt die Mutter immer beim Abwasch, um ihre Hände zu schonen, das Werkzeug benötigen sie für kleinere Reparaturen, die in der Wohnung immer wieder einmal anfallen und einen Dietrich besitzt doch fast jeder Haushalt, falls einmal ein Schlüssel verloren geht. Auch für den Golddollar haben sie eine Erklärung parat, denn den hatten sie gefunden und zwar ganz in der Nähe vom Wittenbergplatz, genau an dem Tag, an dem dieser Banktresor ausgeraubt wurde, vielleicht hatten ihn damals sogar die Einbrecher verloren.

Fabich bleibt nichts übrig, als die beiden wieder laufen zu lassen; es war ihnen einfach nichts Konkretes zu beweisen. Bei ihrer Entlassung warteten schon zahlreiche Reporter, Fotografen und Schaulustige auf die beiden Brüder. In einem Café am Alex geben sie eine Pressekonferenz und lassen sich als Könige der Unterwelt feiern.

Als der Name Sass nach dem Einbruch in die Filiale der Disconto-Gesellschaft Schlagzeilen macht, ist Franz fünfundzwanzig und

Erich gerade dreiundzwanzig Jahre alt. Sie waren gemeinsam mit zwei weiteren Brüdern in der Moabiter Birkenstraße 57 aufgewachsen.

Der Vater, Andreas Sass, war von Beruf Lohn-Schneider, die Mutter, Marie Sass, arbeitete als Wäscherin im Krankenhaus Moabit. Ihre Wohnung im Seitenflügel des Wohnhauses, vier Treppen hoch gelegen, war mit Stube, Küche und Außentoilette viel zu eng für die große Familie. Die Ehe der Eltern war mit den Jahren immer schlechter geworden. Die nicht gerade positiven Lebensumstände der Familie gehen aus einem Bericht des städtischen Jugendamts hervor: »Die Burschen stammen aus ungünstigen häuslichen Verhältnissen. Der Vater, der als Schneider Unter den Linden ausreichend verdient, bezahlt nur die Miete und läßt im übrigen bereits seit Jahren seine Frau für alles in der Familie Notwendige aufkommen. Der dauerhafte Unfriede, der deshalb in der Familie herrschte, sowie die ständige Abwesenheit der Mutter, die außerhalb des Hauses schwer arbeiten mußte, beeinflußte die Erziehung ungünstig. (...) Die Mutter, trotz des besten Willens, war der Erziehung der schwierigen Burschen allein nicht gewachsen.«

Eigentlich hatte das Ehepaar Sass fünf Söhne. Der erstgeborene Sohn Paul kam 1902 unehelich auf die Welt und wurde gleich nach seiner Geburt zu einer Pflegemutter gegeben. Seither hatte die Familie keinerlei Kontakt mehr zu ihm. 1903 wurde Max geboren. Er kam bereits als Grundschüler mit der Polizei wegen einiger Diebstähle in Kontakt. Er wurde später Fürsorgezögling und landete auch für einige Zeit im Gefängnis. Ein Jahr später erblickte Franz das Licht der Welt. Im Alter von zwölf Jahren war er bereits bei einigen Diebstählen mit dabei, die sein älterer Bruder Max ausbaldowert hatte. Er schwänzte häufig die Schule und kam bald wie sein älterer Bruder in Fürsorgeerziehung. Aus dem Heim kniff er mehrfach aus, war an zahllosen Diebstählen und Einbrüchen beteiligt und kam dann auch bald erstmals vor Gericht, das ihn zu einer Jugendgefängnisstrafe verurteilte.

Erich Sass wurde 1906 geboren. Sein Werdegang als Jugendlicher verlief genau so wie der seines zwei Jahre älteren Bruders Franz. Der einzige Unterschied zwischen beiden war, daß Erich nach der Schule eine Schlosserlehre begann, die er aber nach wenigen Monaten abbrach, zumal sein Lehrmeister der Meinung war, daß er für diesen Beruf völlig ungeeignet sei. Mit einiger Verspätung kam dann auch der letzte der Sass-Brüder, Hans, 1914 als Nachzügler auf die Welt. Vielleicht bekam ihm der zeitliche Abstand sehr gut, denn als Einziger der Brüder kam er nie mit dem Gesetz in Konflikt.

1926, Franz und Erich waren nun zweiundzwanzig beziehungsweise zwanzig Jahre alt, sollen die beiden beschlossen haben, ihr Leben entscheidend zu verändern. Allerdings meinten sie damit nicht, in Zukunft auf dem Pfad der Tugend zu wandeln. Sie wollten von nun an nur noch »große Dinger« drehen und diese so ausgeklügelt vorbereiten, daß es für die Polizei unmöglich wäre, sie zu fassen. Sie beschlossen vorab, noch einige kleine Einbrüche durchzuführen, um an das notwendige Startkapital zu kommen, denn lange Vorbereitungen kosteten auch Geld.

Sie eröffneten eine kleine Autoreparatur-Werkstatt, mit der sie ihren offiziellen Lebensunterhalt bestritten. Sie ließen sich Maßanzüge anfertigen, frei nach dem Motto »Kleider machen Leute« und traten fortan nur noch piekfein gekleidet in Erscheinung. Sie legten sich einen Schneidbrenner zu, angeblich für die Autowerkstatt, und kauften auf einem Schrottplatz einen alten Geldschrank, um an ihm mit dem Schweißgerät die nötigen Erfahrungen zu sammeln.

In aller Ruhe planten sie nun ihren ersten großen Einbruch. Sie hatten sich dazu die Depositenkasse der Deutschen Bank in Alt-Moabit 129, Ecke Werftstraße ausgesucht, die sich praktischerweise unweit der elterlichen Wohnung befand. Die Brüder gelangten vom Hof des Nachbarhauses in der Werftstraße auf den Hof des Eckhauses, in dem sich die Bank befand. Die Türen zu den Hauskellern waren nur mit einfachen Schlössern gesichert, die sie problemlos mit einem Dietrich öffnen konnten. Von einem Mieterkeller aus stemmten sie einen Mauerdurchbruch, durch den sie sich anschließend in den Bankkeller zwängten.

Nachdem sie alle Kellerfenster des Tresorraums mit schwarzem Wachspapier verhängt hatten, kam nun das neuerworbene Schweißgerät zum Einsatz. Ihr Plan war es, mit dem Brenner eine Öffnung in die Tresortür zu schneiden, um anschließend per Hand die Entriegelung vorzunehmen. Es zeigte sich aber bald, daß ihnen doch noch einiges an Erfahrung fehlte, da sie offensichtlich den Sauerstoffbedarf des Schneidbrenners nicht richtig eingeschätzt hatten. Die Sauerstofflasche war leer, bevor sich ein Loch in der Tresortür zeigte. Mit dem Sauerstoff hatten die beiden Brüder noch ein zweites Problem.

Tatortspuren zeigten, daß durch den Einsatz des Brenners die Luft in dem kleinen Tresorkeller mit der Zeit sehr schlecht geworden sein mußte, worauf den Tätern mehrfach übel wurde. Die Premiere der Tresorknacker ging also schief und es blieb den Brüdern nichts anderes übrig, als ohne Beute den Tatort wieder zu verlassen.

Am Tag nach dem Einbruchsversuch, es war der 28. März 1927, ein Montag, stand Kriminalsekretär Max Fabich, zuständig bei der Berliner Kripo für Geldschrankeinbrüche, vor der angekokelten Tresortür. Erstmals in der Berliner Kriminalgeschichte hatten Einbrecher versucht, einen Tresor »warm« zu öffnen. Fabich war sich sicher, daß hier Anfänger am Werk waren, die mit Hilfe eines neuartigen Schneidbrenners den Tresor zu öffnen versuchten. Die Täter hatten offenbar in aller Ruhe im Keller gearbeitet und sich zwischendurch sogar Kaffee gegönnt, wovon eine gebrauchte Tasse im Tresorraum zeugte.

Fabich konnte an diesem Märztag noch nicht ahnen, daß er es mit den Tätern noch einige Jahre lang zu tun haben sollte.

Am 4. Dezember 1927 wurde Max Fabich in die Filiale der Dresdner Bank am Savignyplatz 11, Ecke Kantstraße (heute ein Schuhgeschäft) gerufen, da von dort ein Einbruchsversuch gemeldet wurde. Fabich eilte nach Charlottenburg, da die Möglichkeit bestand, daß die Täter sich noch am Tatort aufhielten. Vor der Bank erwartete ihn der Kassenbote, der gleichzeitig für die Reinigung der Bankfiliale zuständig war und die Polizei benachrichtigt hatte. Die gröberen Reinigungsarbeiten erledigte er immer am Sonntag, so daß am Montag Morgen, wenn die ersten Kunden die Bank betraten, alles picobello geputzt war.

Als er an diesem Tag die Geschäftsräume der Bank betrat, fiel ihm sofort auf, daß der Fußboden, den er bereits am Vortag gründlich gewischt hatte, starke Schmutzspuren von Sand und Mörtelresten aufwies. Der Mann rief umgehend den in der Nähe wohnenden Filialleiter an, mit dem er dann gemeinsam in den Keller ging. Im Vorraum des Tresors waren die Fenster verhängt, vermutlich um zu verhindern, daß Licht nach außen drang. Die Tresortür war geschlossen, aber offensichtlich hatten Einbrecher versucht, den Tresor aufzuschweißen. Sie hatten zwei Vierecke von jeweils dreißig mal vierzig Zentimeter Seitenlänge aus dem Stahl herausgeschnitten.

Die Schweißarbeit erinnerte Fabich sofort an den Tresor in Alt-Moabit. Er vermutete, daß hier die gleichen Täter am Werk waren, die aber inzwischen offensichtlich ihre Schweißkenntnisse verbessert hatten. Für seine Annahme sprach auch, daß auf einem Tisch wiederum eine benutzte Kaffeetasse stand und in diesem Fall auch noch eine leere Konservendose, mit deren Inhalt sich die Täter zwischenzeitlich gestärkt hatten. Vielleicht hatten sie ihre Arbeit nur unterbrochen, um sie in der nächsten Nacht fortzusetzen. Fabich sah darin eine mögliche Chance für die Polizei, die Täter auf frischer Tat zu erwischen.

Ohne irgendetwas am Tatort zu verändern verließ Fabich mit dem Filialleiter und dem Kassenboten die Bank. Per Telefon gab er den Befehl, daß die Bank ab sofort von mehreren Beamten überwacht werden sollte. Am frühen Montagmorgen war Fabich klar, daß die Täter nicht mehr zurückkehren würden. Vermutlich hatten diese beobachtet, wie die Polizei bei der Bank vorfuhr und konnten ahnen, daß man ihnen nun eine Falle stellen wollte.

Die Gebrüder Sass gaben nach diesen ersten Mißerfolgen nicht auf. Sie bereiteten immer ausgefallenere Tresoreinbrüche vor und wählten nie den leichtesten Weg, um zu dem gewünschten Erfolg zu kommen. Tresore gab es ja nicht nur in Banken, und so wählten sie für den nächsten Versuch den Geldschrank im Direktionsgebäude der Deutschen Reichsbahn am Schöneberger Ufer. Die Brüder hatten herausgefunden, daß sich im Hofgebäude der burgähnlichen Reichsbahndirektion der Tresor befand, in dem die Lohngelder für die Reichsbahnbediensteten aufbewahrt wurden. Geschätzter Inhalt kurz vor Ultimo: eine Million Mark.

Im Frühjahr 1928 auf den Hof der Reichsbahndirektion zu gelangen, war nicht sehr schwierig, da zu dieser Zeit ein angrenzender Neubau errichtet wurde, der sich bis zur Hochbahnlinie nah dem Gleisdreieck erstreckt. Der Bauzaun war für die Brüder kein Hindernis, so daß sie leicht und unbemerkt nachts den Hof erreichen konnten. Die Schwierigkeit bei dem geplanten Unternehmen war, daß sich der Tresor im ersten Stock des Hofgebäudes befand.

Sie beschlossen den Tresor von unten anzugreifen, auf dem kürzesten, aber nicht bequemsten Weg. Ihr Plan war von einer engen Abstellkammer aus, die vom Hof her zugänglich war, mit einer großen Bohrmaschine ungefähr fünfzig im Viereck angeordnete Löcher in die Decke zu bohren. Die Zwischenräume wollten sie später herausbrechen, um so eine Öffnung nach oben in den Kassenraum zu schaffen, durch die sie mit dem Schweißgerät klettern konnten.

Wegen des hohen Gewichts der Bohrmaschine bauten sie aus Holz eine verstellbare Plattform, auf der die Maschine stand, und die auf die jeweilige Bohrtiefe eingestellt werden konnte. Da die Arbeiten sich über einige Wochen erstreckten, mußten sie jedesmal, bevor die Nacht vorüber war, ihre unförmige Bohrmaschine mit der Stellage verstecken, damit ihre Arbeit tagsüber nicht entdeckt würde. Die Decke mit den gebohrten Löchern wurde mit Hilfe einer Attrappe, die im schmutzigen Grau des Deckenputzes gehalten war, verdeckt. Sorgsam wurde auch jedesmal der bei der Arbeit entstehende Kalkstaub zusammengekehrt, so daß nicht erkennbar war, daß hier des Nachts jemand am Werk war.

In der Nacht zum 6. März, Franz und Erich waren gerade dabei, die letzten Bohrungen auszuführen, vernahm der Nachtwächter quietschende Geräusche. Er vermutete, daß sich zwei Kater um eine Katze stritten, was nachts immer wieder mal vorkam. Trotzdem ging er der Sache nach, schaltete die gesamte Hofbeleuchtung ein und trat auf den Hof hinaus. Statt balgender Kater sieht er gerade noch zwei Schatten eilig über den Hof laufen, die sich rasch in Richtung Hochbahn entfernen. Wieder einmal hatten die Gebrüder Sass Pech und mußten ohne Beute den Tatort verlassen. Zurück blieb die große Bohrmaschine auf der selbstgebauten Haltevorrichtung.

Die Brüder gönnten sich diesmal keine längere Pause und holten bereits drei Wochen später zu einem weiteren Versuch aus. In der Nacht vom 24. zum 25. März wurde die Feuerwehr durch einen Mieter des Hauses Budapester Straße 10 alarmiert, der spät Nachts in seine Wohnung zurückkehrte und Brandgeruch im Treppenhaus wahrnahm. Gemeinsam mit dem inzwischen geweckten Portier des Hauses ging der Mieter noch vor Eintreffen der Feuerwehr dem brenzligen Geruch nach und stellte dabei fest, daß dieser aus einem

Kabelschacht kam, der in den Keller führte. Aus dem Schacht drang neben Qualm auch ein »surrendes«, ungewohntes Geräusch nach oben.

Der Kabelschacht führte in die Kellerräume einer Filiale der Dresdner Bank, die sich im Erdgeschoß des Wohnhauses befand. Da die Feuerwehr noch nicht eingetroffen war, begaben sich die Beiden auf den Hof, wo sich die Kellerfenster befanden. Sie bemerkten, daß eine Jalousie vor einem der Fenster einen Spalt weit hochgezogen war und sich leicht bewegte. Die Beobachter vermuteten, daß sich im Keller der Bank Einbrecher befanden. Der Portier verschloß daraufhin alle zum Hof führenden Türen und eilte anschließend zum nächsten Fernsprecher, um die Polizei zu alarmieren, während der Mieter vor dem Haus auf das Eintreffen der Feuerwehr wartete.

Als die Kriminalpolizei mit Max Fabich an der Spitze in der Budapester Straße eintraf, herrschte dort bereits Hochbetrieb. Polizisten hatten Mühe, die zahlreichen Schaulustigen, die sich vor dem Gebäude versammelt hatten, zurückzudrängen. Weitere Beamte hatten bereits vor allen Eingängen sowie auf dem Hof Posten bezogen.

Fabich und seine Kollegen betraten nun vorsichtig den Keller, da sie vermuteten, daß sich die Einbrecher noch am Tatort befanden.

In einem Kellerraum, in dem ein Mieter seine Weinvorräte lagerte, entdeckte Fabich einen Mauerdurchbruch. Fein säuberlich war eine quadratische Öffnung von fünfzig mal fünfzig Zentimetern herausgebrochen worden. In dem Keller befand sich keinerlei Trümmerschutt, dafür aber ein quadratisches Stück Holz, mit Gips und Farbe so bearbeitet, daß es wie ein Mauerstück aussah. Wieder so eine kunstvolle Attrappe, wie sie Fabich in den vergangenen Monaten schon mehrfach in den Händen gehalten hatte. Es war klar, daß hier die gleichen Täter am Werk waren, wie bei der Reichsbahndirektion und drei anderen erfolglosen Einbruchsversuchen.

Die Beamten kletterten vorsichtig durch die Maueröffnung und gelangten in den Papierkeller der Bank. Im angrenzenden Kellerraum entdeckten sie einen weiteren Mauerdurchbruch mit danebenliegender Wandattrappe. Hinter dieser Wand befand sich bereits der Vorraum zum Tresorkeller, der durch eine stabile Gittertür gesichert war. Auch dieses Hindernis hatten die Einbrecher überwunden, indem sie zwei der dicken Stahlstreben mit dem Schneidbrenner herausgeschweißt hatten und anschließend bequem durchklettern konnten.

Beim Schweißen waren Funken auf einen Karton geflogen, in dem Scheckformulare lagerten. Die Vordrucke gerieten dabei in Brand, wobei das so entstandene Feuer von den Einbrechern selbst mit einem Handfeuerlöscher erstickt werden konnte. Der Qualm, der dabei entstand, drang durch den Kabelschacht in die oberen Geschosse des Hauses. Der Tresor war völlig unbeschädigt, da die Täter mitten in ihrer Arbeit gestört wurden. Wo aber waren sie geblieben? Fabich konnte sich nicht vorstellen, daß die Einbrecher noch Gelegenheit zur Flucht hatten, bevor die Polizei eintraf.

Die Beamten suchten äußerst gründlich die gesamten Kellerräume ab, aber ohne Erfolg, die Täter blieben verschwunden. Gefunden wurde allerdings, versteckt in einer Weinkiste, eine Tasche mit komplettem Einbruchswerkzeug und einem Schneidbrenner der Marke Fernholz.

Die Kripo rückte nach zwei Stunden wieder ab, und die Menge der Schaulustigen vor der Bank begann sich aufzulösen. Plötzlich sah eine Mieterin, die den ganzen Polizeieinsatz von ihrem Küchenfenster in der zweiten Etage beobachtet hatte, zwei Männer aus dem Keller kommen, die in großer Eile über den Hof liefen und gleich darauf im Quergebäude verschwanden. Durch die Fenster des Treppenhauses konnte sie beobachten, daß die Männer die Treppe nach oben liefen, hoch bis zum Dachboden.

Sie meldete ihre Beobachtung telefonisch der Polizei, die daraufhin die bereits abgerückten Beamten zurückbeorderte. Bis zu deren Eintreffen vergingen aber wieder einige Minuten, und als sie endlich auf dem Dachboden ankamen, fanden sie nur noch eine offene Dachluke vor. Die Einbrecher aber waren schon längst über die angrenzenden Dächer verschwunden. Peinlich für die Kripo, die zuvor die Kellerräume abgesucht hatte: sie fand nun, wo es zu spät war, das Versteck und stellte an Hand von Spuren fest, daß sich zwei Täter in einem zur Straße hin vergitterten engen Lichtschacht über einem der Kellerfenster verkrochen hatten.

Der einzige Anhaltspunkt bei den nun folgenden Untersuchungen der Kriminalpolizei war der Fernholz-Schneidbrenner, den die Täter benutzt hatten. Da die Verbreitung dieser neuartigen Brenner noch gering war und es nur eine Firma gab, die sie in Berlin vertrieb, konnte sich der Verkäufer noch einigermaßen an die Kunden, zwei junge Männer, erinnern. Obwohl die beiden das Gerät unter falschem Namen erworben hatten, erkannte der Verkäufer bei Durchsicht der Verbrecherkartei die beiden Brüder Franz und Erich Sass.

Fabich ließ die beiden daraufhin festnehmen, aber sie bestritten, jemals diesen oder überhaupt einen Schneidbrenner gekauft zu haben. Auch für die Nacht hatten beide ein Alibi, so daß Fabich die Brüder wieder laufen lassen mußte. Von nun an ließ er sie rund um die Uhr überwachen. Die cleveren Brüder merkten das aber bald, warteten ab und unternahmen vorerst nichts. Sie wußten, daß es sich die Polizei nicht leisten konnte, für sie auf Dauer Beamte zur Beobachtung abzustellen. Zwischendurch führten sie ihre Beschatter an der Nase herum. So besuchten sie zum Beispiel eine Bank am Nollendorfplatz, während der Beamte vor der Eingangstür wartete. Nachdem eine Stunde vergangen war, ohne daß die Brüder wieder erschienen, wurde er mißtrauisch. Er betrat den Schalterraum und mußte feststellen, daß Franz und Erich über einen Hinterausgang auf und davon waren. Nach sechs Wochen brach die Kripo die Observation ab.

Wenige Tage nach Beendigung der Überwachung wurden die Brüder erneut aktiv. Diesmal hatten sie einen Tresor ausfindig gemacht, in dem sich neun Millionen Reichsmark befanden. Wie sie an ihre Informationen herankamen, wurde auch später nie geklärt. Die Millionen lagerten im Tresor der Oberfinanzkasse des Landesfinanzamtes in Alt-Moabit 145 (später Packhof); es war die demnächst fällige Reparationsrate an Frankreich, mit der die Kriegsschuld am Ersten Weltkrieg abgezahlt werden sollte.

Der Tresor stand im Westflügel der Oberfinanzkasse nah dem Lehrter Bahnhof. In der Nacht zum 20. Mai 1928 brachen die Sass-Brüder an der den Bahngleisen zugewandten Seite, durch ein ebenerdiges Fenster, in das Gebäude ein. Sie hatten schwer zu tragen an einer zwei Zentner schweren Sauerstofflasche. Der Weg zum Tresor war einfacher, als man es vermuten konnte. Die meisten Türen im Gebäude der Oberfinanzkasse waren mit simplen Schlössern gesichert, nur die Eingangstür zu dem Raum, in dem der Tresor stand, war aus Stahl. Franz und Erich zertrennten die Scharniere mit dem Schneidbrenner, dann standen sie vor dem Tresor, der in seinem Inneren neun Millionen barg.

In der Tresortür befand sich ein Alarmkontakt, der mit dem Wärterhäuschen des Nachtwächters verbunden war. Die Brüder hatten sich vorgenommen, den Kontakt zu durchtrennen, wenn der Nachtwächter sich auf seinem regelmäßigen Rundgang befand. Wenn es ihnen gelänge, den Kontakt in Sekundenschnelle zu unterbrechen, dann würde nur für einen kurzen Moment eine Warnlampe im Pförtnerhäuschen aufflammen, die Sirene bliebe aber ausgeschaltet.

Alles war gut vorbereitet, nur der Nachtwächter war diesmal mit seiner Kontrollrunde einige Minuten eher fertig und so zu früh in sein Kabuff zurückgekehrt. Als er den Raum gerade betrat, bemerkte er das Aufleuchten der roten Warnlampe. Der Dienstvorschrift entsprechend rief er sofort die Polizei an, bevor er mit dem lauten Ruf:»Hallo! wer da?« auf den Hof eilte. Vom Ruf des Nachtwächters aufgeschreckt, flüchteten die Brüder und mußten wieder einmal Werkzeug und die schon sicher geglaubten neun Millionen Reichsmark zurücklassen.

Knapp zwei Jahre dauerte die»Lehrzeit« von Franz und Erich Sass, in denen sie die fünf erfolglosen Einbruchsversuche unternahmen. Dann endlich kam der große Erfolg mit ihrem Coup am Wittenbergplatz im Januar 1929. An allen Litfaßsäulen der Stadt verkündet ein Plakat: 30 000 Reichsmark Belohnung für sachdienliche Hinweise, die zur Ergreifung der Täter führen. Zahlreiche Hinweise gehen daraufhin bei der Kriminalpolizei am Alexanderplatz ein, führen aber zu keinem Erfolg.

Die Gebrüder Sass sind Einzelgänger, die nicht im Kreis anderer »Berufskollegen« mit ihren Taten prahlen und sie arbeiteten auch nie mit anderen Helfern oder Tipgebern zusammen. So gab es niemanden aus dem Verbrechermilieu, der sich die ausgesetzte Belohnung durch Verrat verdienen konnte. Die *Vossische Zeitung* berichtete nach der Pressekonferenz der Sass-Brüder:»Die Brüder Sass sind Leute, deren Stärke es ist, daß sie ohne Anhang gearbeitet haben, deren Solidarität ihre mächtigste Waffe war. Möglich, daß sie zu Unrecht des Tresorraubs bezichtigt worden sind. Es wird ihnen sehr schwer fallen – falls sie dennoch die Täter gewesen sind – die Früchte jener Million zu genießen, denn die Polizei wird ein wachsames Auge auf sie haben ...«

In der Weihnachtszeit des Jahres 1929 werden der Polizei Gespenster gemeldet, die des Nachts auf dem alten Charlottenburger Luisenfriedhof an der Guerickestraße herumspuken sollen. Die Polizei vermutet einen Scherz. Um so erstaunter sind die Beamten, daß mehrere Bewohner der an den Begräbnisplatz grenzenden Häuser die Gespenster gesehen haben wollen. Darunter auch der Pedell des Kaiserin-Augusta-Gymnasiums, dessen Schulhof direkt an den Friedhof grenzt. Er kann der Polizei sogar Spuren der Gespenster vorweisen. Ein großer Sandhaufen auf dem Schulhof nah der Mauer, der dort nichts zu suchen hat und von dem niemand weiß, woher er stammt. Aus dem Sand ragen obendrein noch einige menschliche Knochen heraus, darunter ein Schienbein und ein fast komplettes Becken.

Der Pedell hat den Totengräber in Verdacht. Der alte Mann, seit vierzig Jahren im Dienst der Verstorbenen, bestreitet das ganz entschieden. Die Polizei findet auch keine plausible Erklärung für den Sandhaufen und rückt wieder ab, mit dem Hinweis, daß man sie benachrichtigen soll, wenn wieder etwas passiert.

Ein neues Jahr beginnt, ohne daß sich an dem täglich kontrollierten Sandhaufen irgendwelche Veränderungen gezeigt hätten. Zur Verblüffung aller Beobachter ist dann plötzlich am 9. Januar 1930 der Sandberg doppelt so hoch wie am Tag zuvor. Die sofort benachrichtigte Polizei begnügt sich nun nicht mehr mit einer oberflächlichen Überprüfung des Friedhofs und setzt einen Spürhund ein. Der Hund nimmt die Spur auf und führt die Beamten zu einem kleinen Schuppen nah der Friedhofsmauer.

An der Mauer selbst entdecken die Beamten einige Handabdrücke. Ein junger Polizist soll auf eine an die Mauer gelehnte Leiter steigen und schauen, ob sich auf der anderen Seite ebenfalls Spuren befinden. Stufe für Stufe erklimmt der Mann die Leiter, kommt aber nicht höher, da mit jedem Schritt die Leiter im weichen Boden versinkt. Das ist ungewöhnlich, da es in den vergangenen Tagen ersten Frost gab und der Boden an anderen Stellen bereits gefroren ist. Den Polizisten ist klar: hier wurde vermutlich in der vergangenen Nacht frisch gegraben.

Inzwischen war auch der Schuppen einer genauen Untersuchung unterzogen worden, wobei, verborgen unter Brettern, ein gegrabener Stollen entdeckt wird. Die Beamten staunen nicht schlecht, als sie hinabsteigen und in einen unterirdischen Gang gelangen, der sich in zwei Metern Tiefe stark erweitert. Ein Schacht, fein säuberlich mit Brettern verkleidet, führt in einen noch nicht ganz fertiggestellten unterirdischen Raum, dessen Wände durchweg mit Holz getäfelt sind. Der Raum hat Stehhöhe und mißt fast zwei mal drei Meter. Außerdem verfügt er über zwei Fluchtwege, einer mit Ausgang zum Friedhof, der andere führt zu einem benachbarten Grundstück. In einer großen Kiste wird umfangreiches Werkzeug gefunden, das nicht nur zum Stollenbau eingesetzt werden kann.

Die Beamten melden das unterirdische Versteck der Kripo, die kurze Zeit später mit Max Fabich an der Spitze eintrifft. Er verschwindet sofort im Untergrund und wirkt überaus erfreut, als er feststellt, daß die Methode der Stollenabstützung sowie das vorgefundene Werkzeug auf die Brüder Sass deutet. Er ist davon überzeugt, daß die Brüder hier bald wieder auftauchen werden, um das noch nicht fertiggestellte unterirdische Versteck zu vollenden. Fabich läßt die Polizei sofort wieder abziehen und alles so wieder herrichten, wie es vorgefunden wurde. Anschließend beziehen Kriminalbeamte in Zivil unauffällig Posten, um beim Auftauchen der beiden Brüder diese in flagranti zu fassen.

Kalt und ungemütlich ist diese Januarnacht, in der die Beamten auf die nächtlichen Tunnelbauer warten. Endlich gegen 22 Uhr 15 tut sich etwas, vorsichtig taucht ein Kopf an der Seitenwand des Schuppens auf. Max Fabich, der nur einige Meter entfernt steht, erkennt im fahlen Mondlicht das Gesicht von Franz Sass. Als dieser gerade das Vorhängeschloß an der Tür öffnen will und dabei feststellt, daß es nicht richtig eingerastet ist, ahnt er vermutlich die Falle, wendet sich um und läuft davon. Fabich rennt als erster hinterher, andere Polizisten folgen ihm. Fabich stolpert über einen Komposthaufen und stürzt der Länge nach hin. Im Aufrappeln sieht er gerade noch, wie Franz Sass über eine Mauer klettert, die an das Grundstück Cauerstraße 33 grenzt. Oben auf der Mauer erkennt er einen weiteren Schatten, vermutlich Erich, der seinem Bruder die Hand reicht und ihn nach oben zieht. Nur Augenblicke später sind beide in der Dunkelheit verschwunden. Max Fabich ordnet den Abmarsch der Beamten an. Er weiß, hier werden die Brüder nie wieder auftauchen.

Am nächsten Tag werden Franz und Erich Sass verhaftet, der Vorwurf lautet »Hausfriedensbruch und Sachbeschädigung«. Die Festnahme erfolgt zu spät, die Brüder haben die Stunden genutzt, um mit ihrem Anwalt Kontakt aufzunehmen. Rechtsanwalt Müller-Stromeyer, oft als Winkeladvokat beschrieben, liefert der Polizei ein abenteuerliches Alibi seiner Mandanten. Diese seien in der vergangenen Nacht zu fraglicher Stunde mit dem Autobus gefahren. Vom Oberdeck aus hatten sie einen tödlichen Verkehrsunfall beobachtet, der sich nah dem Tiergarten am Großen Stern ereignet hatte. Ein Lastkraftwagen hatte dabei beim Abbiegen einen Radfahrer überfahren. Die Sass-Brüder hatten daraufhin den Bus verlassen und sich unter die Schaulustigen begeben. Zeitpunkt des Unfalls 22 Uhr 15! Zeuge des Zeitpunkts war der zufällig mit seinem Dienstwagen vorbeifahrende Polizeipräsident, der ebenfalls den Unfall gesehen hatte.

Da Fabich der einzige war, der Franz Sass auf dem Friedhof erkannt hatte, werden Franz und Erich Sass umgehend wieder auf freien Fuß gesetzt.

Die Brüder erkennen, daß ihnen in Berlin langsam der Boden unter den Füßen zu heiß wird und verhalten sich in den folgenden Monaten still. Da sie wieder ständig überwacht werden, beschliessen sie, sich aus Deutschland abzusetzen. Allerdings sind ihre Reisepässe abgelaufen und sie vermuten, daß ihnen die Polizei keine neuen ausstellen wird. So besorgen sie sich gefälschte Papiere und setzen sich nach Dänemark ab.

In Deutschland kommen die Nationalsozialisten an die Macht, in Kopenhagen häufen sich zur gleichen Zeit die Tresoreinbrüche. Am 23. Februar 1934 werden in den Geschäftsräumen des Zigarrenfabrikanten Paul Wulff in Toldbodvej gleich zwei Tresore mit einem Schneidbrenner geöffnet und ausgeraubt. Aufgrund der professionellen Arbeit der Täter vermutet die dänische Polizei internationale Spezialisten. Sie kontrollieren daraufhin alle Hotels und Pensionen in Kopenhagen, in denen ausländische Gäste abgestiegen waren. In der Pension *Helmerhus* überprüfen sie zwei deutsche

Kaufleute die dort seit einigen Wochen wohnen und stellen fest, daß deren Papiere gefälscht sind.

Nach einigen Rückfragen bei der deutschen Polizei steht fest: bei den beiden Verhafteten handelt es sich um die aus Berlin verschwundenen Gebrüder Sass. Eine sofortige Untersuchung ihres Pensionszimmers bringt einiges Belastende zu Tage. Neben Spezialbohrern und Werkzeug finden die Beamten eine Zahnpastatube, in der klein zusammengefaltet mehrere Notizblätter versteckt sind. Die Blätter zeigen unter anderem eine genaue Skizze des gerade neu errichteten Tresorraums der Kopenhagener Stadtsparkasse.

Franz und Erich Sass wird der Prozeß vor dem Kopenhagener Stadtgericht gemacht. In der Hauptverhandlung am 5. Juni 1934 werden sie von dem Vorsitzenden Richter Madsen zu einer vierjährigen Gefängnisstrafe verurteilt. Dieses Urteil wird den Brüdern vermutlich nicht so viel ausgemacht haben. Was schwerer wiegt, ist, daß Franz und Erich nach Verbüßung der Gefängnisstrafe in das Deutsche Reich abgeschoben werden sollen.

Nach dem Erfolg der dänischen Polizei wird Max Fabich auch in Berlin wieder aktiv. Er läßt noch einmal die Wohnung der Familie Sass durchsuchen und diesmal ist die Polizei nicht zimperlich. Sie reißt dabei auch den gesamten Dielenfußboden der Moabiter Wohnung auf. Diesmal hat Fabich mehr Glück, da unter den Dielen versteckt zahlreiche Beutestücke aus dem Tresoreinbruch am Wittenbergplatz gefunden werden. Darunter diverse Schmuckstücke, Goldmünzen und einiges an Devisen. Allerdings ist es nur ein verschwindend kleiner Teil der Beute, der große Rest bleibt weiterhin verschwunden.

Franz und Erich haben ihre Strafe im Kopenhagener Stadtgefängnis Nyborg getrennt voneinander in Einzelhaft verbüßen müssen. Am 14. März 1938 ist ihr Entlassungstermin gekommen. Franz hat die Haft ganz gut überstanden, ist aber deutlich dicker und auf dem Kopf etwas kahler geworden. Erich, den sensibleren von beiden, hat die Haft geistig verwirrt, er ist kaum wiederzuerkennen. Ein dänisches Gefangenenfahrzeug bringt die beiden zur deutschen Grenze, wo sie am 14. März um 15 Uhr von dem Mann in Empfang genommen werden, der auf diesen Tag schon elf Jahre gewartet hatte – Max Fabich. Mit der Bahn werden die Gebrüder Sass nach

Berlin zurückgebracht. Während der Fahrt sagt Erich zu Fabich, daß er in Berlin ein umfangreiches Geständnis ablegen will. Wieder in der Heimatstadt angekommen, macht der Kriminalsekretär, er ist inzwischen noch immer nicht befördert worden, mit Erich eine Rundfahrt durch Berlin. Erich will ihn zum Versteck der Beute führen. Doch immer wenn sie an einem der von Erich genannten Orte ankommen, kann dieser sich nicht mehr erinnern. Nach einigen Stunden der Irrfahrt gibt Fabich auf.

Der allergrößte Teil der Beute aus den Kundentresoren der Disconto-Gesellschaft wurde daher nie gefunden. Nach Aussage seiner Schwiegertochter war Max Fabich bis zu seinem Tod im Jahr 1963 fest davon überzeugt, daß die Sass-Brüder ihre Beute irgendwo bei Schildhorn vergraben haben. Der Grund für die Annahme war, daß Fabich sich einmal mit seinem Sohn im Gartenlokal Schildhorn aufhielt, als Franz und Erich plötzlich dort auftauchten. Als sie Fabich bemerkten, verschwanden sie im nahen Wald.

Fast zwei Jahre verbringen die Brüder in der Moabiter Untersuchungshaftanstalt, bis die Eröffnung der Hauptverhandlung beginnt. Das Gericht befindet sie am 27. Januar 1940 für schuldig des gemeinschaftlichen Diebstahls in drei Fällen sowie der unerlaubten Verbringung von Zahlungsmitteln ins Ausland. Sie werden im einzelnen für schuldig erklärt wegen Einbruchs in die Tresorkammer der Disconto-Gesellschaft am Wittenbergplatz, sowie der Anlage eines unterirdischen Beute-Depots auf dem Charlottenburger Luisenfriedhof unter Verwendung von gestohlenem Baumaterialien.

Franz Sass wird zu dreizehn Jahren Zuchthaus verurteilt, seine Aussage vor Gericht bestand aus einem einzigen Satz:»Ich bin unschuldig!«. Sein Bruder Erich legte vor Gericht ein Geständnis ab und erhielt elf Jahre Zuchthaus.

In der Urteilsbegründung heißt es:»Eine Besserung dieser Angeklagten ist auch durch den schärfsten Strafvollzug nicht zu erwarten.« Außerdem werden sie als»Volksschädlinge« bezeichnet, was, wie bereits erwähnt, in dieser Zeit nichts Gutes bedeutet.

Beide werden getrennt voneinander inhaftiert, der eine in Plötzensee, der andere im Zellengefängnis Lehrter Straße. Zwei Monate nach Urteilsverkündung werden die Gebrüder Sass auf Weisung des Reichsministers der Justiz der Gestapo übergeben. Am nächsten Tag, dem 28. März 1940, ist in den Berliner Zeitungen eine kleine Meldung zu finden, in der es heißt:»Am 27. März 1940 wurden bei Widerstand die Berufsverbrecher Franz und Erich Sass erschossen.« Die Wirklichkeit sah anders aus. Die Gestapo holte Franz und Erich in den Gefängnissen ab und brachte sie in das Konzentrationslager Sachsenhausen. Am Rande einer Sandgrube im Industriehof des Lagers wurden sie an Pfähle gebunden und von einem Exekutionskommando nach Verlesung des Hinrichtungsbefehls erschossen. Franz war zu diesem Zeitpunkt sechsunddreißig, Erich vierunddreißig Jahre alt.

Der spektakuläre Tresoreinbruch der beiden Brüder wurde in den fünfziger Jahren unter dem Titel»Banktresor 713« mit Martin Held und Hardy Krüger in den Hauptrollen verfilmt. Es blieb leider nur ein recht müder Abklatsch.

EIN AUSSERGEWÖHNLICHES FRAUENZIMMER
Der Fall Lieschen Neumann

Am 28. Oktober 1930 ereignete sich im Berliner Norden ein außergewöhnlich heimtückischer Mord. Tatbeteiligt war die sechzehnjährige Elise»Lieschen« Neumann aus der Sparrstraße, die sich zwei Wochen zuvor an den alleinstehenden Uhrmacher Friedrich Ulbrich herangemacht hatte. Dieser stürzte sich, vermutlich nur zu gern, mit dem frühreifen Mädchen in ein sexuelles Abenteuer. An einem Freitagabend trafen sich die beiden zu einem Schäferstündchen in der Wohnung des Uhrmachers, die sich hinter seinen Geschäftsräumen in der Drontheimer Straße 5 befand.

Lieschen Neumann hatte bei ihrem Eintreffen die Wohnungstür zum Treppenhaus absichtlich nicht ins Schloß fallen lassen, sondern sie nur angelehnt. Als die beiden sich nach zwei Flaschen Wein, von denen Lieschen aber nur ein Glas getrunken hatte, im Bett vergnügten, betraten heimlich und unbemerkt zwei junge Männer die Wohnung.

Bei den Eindringlingen handelte es sich um Lieschens Geliebten, den zweiundzwanzigjährigen Kutscher Richard Stolpe und dessen

Freund Erich Benzinger, einen einundzwanzigjährigen Zeitungsausträger. Ohne das Licht in der Wohnung einzuschalten, stürzten sich die beiden auf den im Bett liegenden Friedrich Ulbrich. Stolpe würgte ihn, während sein Kumpan Benzinger dem Hilflosen die Beine festhielt. Ulbrich setzte sich unerwartet stark zur Wehr und es gelang ihm mehrfach sich aus dem Würgegriff Stolpes zu befreien. Der Kampf dauerte schon über eine dreiviertel Stunde, als Benzinger, einem inneren Druck folgend, plötzlich eine Notdurft verrichten mußte. Stolpe war dadurch gezwungen, seinen Würgegriff wieder zu lockern, um den sich stark wehrenden Uhrmacher festzuhalten. Benzinger benutzte währenddessen, im Schein der Taschenlampe, das Nachtgeschirr des Opfers, das er nach Verrichtung wieder ordentlich unter das Bett stellte.

So erleichtert ergriff er anschließend wieder die Beine des Uhrmachers, während Stolpe nun versuchte, diesen mit dem Kissen endgültig zu ersticken. Lieschen dauerte das Gerangel viel zu lange, sie holte aus der Küche ein kleines Handbeil, mit dem der Uhrmacher sein Feuerholz zerkleinerte und drohte Ulbrich, ihn damit zu erschlagen, wenn er nicht sofort stillhielte. Nun gelang es Stolpe, die Tat zu vollenden und das wehrlose Opfer zu erdrosseln. Lieschen Neumann, vom Geschehen offensichtlich wenig beeindruckt, nutzte die Zeit, um nebenan im Wohnzimmer die Schränke nach Wertsachen und Geld zu durchsuchen. Nach dem brutalen Mord plünderten dann alle drei gemeinsam die Geschäftsräume sowie die angrenzende Uhrmacherwerkstatt. Ihre Beute bestand aus Schmuck, diversen Uhren sowie achtzig Reichsmark.

Stolpe und Benzinger tauchten nach dem Mord in der kleinen Mecklenburger Ortschaft Redel bei Penzin unter, wo Stolpe zwei Jahre zuvor als Kuhhirt bei einem Bauern gearbeitet hatte. Die Mordkommission der Kommissare Thomas und Smettons übernahm den Fall des ermordeten Uhrmachers. Für Hinweise, die zur Ergreifung der Raubmörder führen konnten, wurde eine Belohnung von 1000 Reichsmark ausgesetzt. Die Kripo entdeckte in der Wohnung Ulbrichs mehrere Aktfotos von Lieschen Neumann, die daraufhin auf das Polizeipräsidium am Alexanderplatz geladen wurde. Da die Polizei der naiv scheinenden Sechzehnjährigen eine Tatbeteiligung nicht zutraute, konnte sie nach einer kurzen Befragung das Präsidium wieder verlassen. Als sich in den nächsten Tagen ein Zeuge meldete, dem der Uhrmacher einige Tage vor seiner Ermordung erzählt hatte, daß er von Lieschen erpreßt werde, erließ die Kripo Haftbefehl. Als Lieschen in der Wohnung ihrer Eltern auftauchte, wartete dort im Wohnzimmer schon die Polizei.

Bereits im ersten Verhör verwickelte sie sich in zahlreiche Widersprüche und legte wenig später ein Teilgeständnis ab, verriet aber nicht den Aufenthaltsort ihrer Mittäter. Die Erpressungsvorwürfe wies sie weit von sich, gab aber zu, mehrfach von Ulbrich Schmuckstücke oder Uhren erhalten zu haben. Diese Geschenke blieben aber aus, als der Uhrmacher erfuhr, daß Lieschen neben ihm ein Verhältnis mit Richard Stolpe hatte. Nach ihrer ersten Nacht in einer Gefängniszelle war Lieschen klar, daß sie alleine für den Mord zur Verantwortung gezogen würde, wenn Stolpe und Benzinger weiterhin verschwunden blieben. So gab sie am nächsten Morgen während einer erneuten Vernehmung das Versteck der Freunde preis. Beide wurden noch am gleichen Tag, zwei Wochen nach dem verübten Mord, von der Polizei in Redel verhaftet und mit dem Zug nach Berlin gebracht.

Gierig stürzte sich, wie schon im »Steglitzer Schülermordprozeß«, die Presse und ihre Leserschaft auf alle Einzelheiten dieses neuen sex & crime-Falles, nachzulesen im Berliner *8-Uhr-Abendblatt* vom 11. November 1930 in einem Bericht über einen Lokaltermin am Tatort: »Lieschen Neumann beim Lokaltermin. Man mochte sich den Kopf darüber zerbrechen, wieso und wodurch es bekannt geworden war, daß gestern nachmittag, fünf Uhr, im Laden des ermordeten Uhrmachers Ulbrich in der Drontheimer Straße ein Lokaltermin stattfinden sollte. Schon um vier Uhr hatten sich vor dem Hause große Menschenmengen angesammelt (...). Die drei Urheber der grausigen Mordtat hießen Neumann, Stolpe und Benzinger. Lieschen Neumann sprang lachend heraus aus dem Kriminalauto, aus der Menge erschollen schrille Pfuirufe.«

Aber nicht nur die Boulevardpresse berichtete ausführlich über die Mordtat und den später stattfindenden Prozeß. Auch in den kleinen roten Heftchen der von Siegfried Jacobsohn begründeten *Weltbühne* wurde in vier Beiträgen der Fall gewürdigt. Schon vor Prozeßbeginn schreibt im Januar 1931 ein »Balthasar« über das

Wettrennen einiger bekannter Berliner Anwälte, die untereinander darum rangelten, diesen Sensationsprozeß für sich an Land zu ziehen.

Obwohl ein Offizialverteidiger nach einer von der Anwaltskammer vorgeschriebenen Reihenfolge bestellt und nicht den Wünschen des Angeschuldigten entsprechen muß, übernahm Justizrat Dr. Leo Davidsohn, Vorstandsmitglied der Berliner Anwaltskammer, die Verteidigung von Lieschen Neumann. Eigentlich war er nach der von ihm selbst aufgestellten Reihenfolge gar nicht zuständig.

Großer Publikumsandrang herrschte, als in den letzten Januartagen des Jahres 1931 vor dem Berliner Schwurgericht des Landgerichts III der »Sensationsprozeß« gegen das Trio Stolpe, Neumann und Benzinger begann.

Im nächsten Weltbühne-Heft schreibt »Balthasar« über das »günstige Zeugnis«, das Lieschens Lehrerin dieser vor Gericht ausgestellt hatte und das den Staatsanwalt zutiefst empörte: »Bleiben Sie immer noch bei diesem Urteil, wenn Sie hören, daß Luise Neumann einen Mord begangen, daß sie sogar Geschlechtsverkehr gehabt hat, ja daß sie schließlich sogar heiraten wollte?« Diese eigenwillige Steigerung löste erhebliche Heiterkeit im Gerichtssaal aus.

In Heft 7 der *Weltbühne* von 1931 berichtete unter der Überschrift »Raubmörders Kinderstube« Moritz Goldstein zu dem Schwerpunkt »Notdurft«: »Einen Mord haben Sie noch nie begangen und werden nie einen begehen. Aber gesetzt den Fall, Sie fänden sich plötzlich und gegen alle Ihre Grundsätze in der Rolle des Mörders, und Sie müßten durchaus Ihre Notdurft verrichten, so machten Sie sich ohne Zweifel kein Gewissen daraus, den Ort der Tat zu besudeln, auch wenn es ein fremdes Schlafzimmer wäre. Nicht so der Mörder Benzinger, ein blonder junger Mann. Er weiß, was sich schickt, und vergißt seine gute Erziehung auch in dieser Lage nicht. Er tastet nach der Taschenlampe, findet sie nicht, kramt dafür die Streichholzschachtel hervor, entzündet das Flämmchen, langt bei dessem schwachen Licht nach dem Geschirr unter dem Bett, erleichtert sich, stellt das Töpfchen an seinen Platz und greift wieder nach den Beinen, um in dem Geschäft des Mordens, das sein Kumpan inzwischen am Halse des armen Uhrmachers nicht unterbrochen hatte, seinerseits fortzufahren. (...) Und dann bilden wir uns ein, wir verstünden etwas von Psychologie, und geben uns Mühe, das Seelenleben des Verbrechers aufzudecken!«

Am letzten Moabiter Verhandlungstag forderte der Erste Staatsanwalt Rombrecht für Stolpe und Benziger die Todesstrafe sowie für Elise Neumann neun Jahre Gefängnis. Bevor sich das Gericht zur Beratung zurückzog, erhielten die drei Angeklagten wie üblich das letzte Wort.

Richard Stolpe: »Ich bereue, was wir getan haben«,
Erich Benzinger: »Ich bereue die Tat«,
Lieschen Neumann: »Ich bereue auch«.

Auch Kurt Tucholsky war offensichtlich von Lieschen Neumann zutiefst beeindruckt, da er sie in seinem Collage-Text »Weltbild, nach intensiver Zeitungslektüre« erwähnt: »... Stefan Zweig schreibt, dieses Buch ist voll verhaltener menschlicher Genialität und seit dem Reichskursbuch vielleicht das innerlichste, daß von den Nacktphotographien von Lieschen Neumann gar keine veröffentlicht werden! Dividende bei Mittelstahl, der Papst über die Ehe, Al Capone über die Prohibition. (...) Wir leben in einer merkwürdigen Zeitung!«

Worauf Tucholsky anspielte, war der rechtzeitig zum Prozeßende erschienene Bildband von Wulffen und Abraham »Fritz Ulbrichs lebender Marmor. Eine sexualpsychologische Untersuchung des den Mordprozess Lieschen Neumann charakterisierenden Milieus und seiner psychopathologischen Typen«.

Das Besondere an diesem Werk des »Erotophotomanen Fritz Ulbrich« war der Anhang, bestehend aus 176 pornographischen Amateur-Fotos, die der Ermordete nicht nur von Lieschen Neumann gemacht hatte und die dem Buch im Zusammenhang mit dem Sensationsprozeß zu ungewöhnlich hoher Auflage verhalfen.

Am Mittwoch, dem 4. Februar 1931, wurde in Moabit das Urteil im Prozeß gegen die Mörder des Uhrmachers Friedrich Ulbrichs verkündet. Der Gerichtssaal war wieder bis auf den letzten Platz gefüllt, viele der Zuschauer hatten sich schon gegen Mitternacht vor dem Gerichtsgebäude versammelt, um bei Öffnung des Saals auch wirklich Einlaß zu finden. Hunderte drängelten sich in den Korridoren. Richard Stolpe erhielt als Haupttäter am Mord die Todesstrafe, sein Freund Erich Benzinger erhielt mit sechs Jahren und drei Monaten Gefängnis die geringste Strafe. Die sechzehn-

jährige Lieschen Neumann wurde zu acht Jahren und zwei Monaten Freiheitsstrafe verurteilt, da das Gericht davon überzeugt war,
daß von ihr die Initiative zu dem Verbrechen ausging.

DER LETZTE VORHANG
Schüsse auf die Sopranistin

Am 3. November 1932 verstummte eine der strahlendsten Stimmen
der deutschen Opernbühne. Die Kammersängerin Gertrud Bindernagel starb an den Folgen mehrerer Schußverletzungen im Berliner
Westend-Krankenhaus.

Acht Jahre zuvor begann ihre spektakuläre Karriere an der Staats-
oper Unter den Linden, wo sie als Vierundzwanzigjährige die *Lady
Macbeth* sang – jene Titelrolle, die bis dahin in Berlin von der schon
etwas betagten Altistin Sigrid Onegin souverän gegeben worden
war. Die Premiere wurde für Gertud Bindernagel zu einem Triumph
und etablierte sie als eine der bekanntesten und besten Sängerin-
nen in Deutschland.

Die Kammersängerin war verheiratet mit dem Bankier und Lebe-
mann Wilhelm Hintze, dem sie eine Tochter schenkte. Wenn man
den Zeitungen dieser Jahre glaubt, war die Ehe schon nach kurzer
Zeit und zunehmend von Krisen geschüttelt. Gertrud Bindernagel
soll ihren Ehemann, der sie in schamloser Weise betrog und aus-
plünderte, gehaßt haben, obwohl nach Aussagen von Freunden sie
ihm trotz alledem regelrecht hörig war. (So ambivalent geht es
nicht nur in Kriminalfällen zu!) Endlich verlangte sie die Scheidung, verließ die gemeinsame Wohnung und verweigerte ihm bis
zur Scheidung ein Zusammentreffen mit seiner Tochter, die er
abgöttisch geliebt haben soll. Vermutlich war es diese Weigerung,
die wenig später die Katastrophe auslöste.

Am Sonntag den 23. Oktober 1932 sang Gertrud Bindernagel in
der Städtischen Oper in Charlottenburg die Brunhilde in Wagners
Götterdämmerung. In der Partie hatte sie das unbarmherzige Schicksal, die zerbrochene Ehe, das verlorengegangene Glück und ein
Leben zu besingen, das reich war an Ruhm, Glück und Leid bis zum

bitteren Ende – ohne zu ahnen, daß es auch ihr Ende sein könnte. Der Schlußapplaus war kaum verebbt, als Wilhelm Hintze in ihrer Garderobe erschien. Er bedrängte sie, ihre Scheidungsklage zurückzuziehen oder ihm wenigstens die Tochter zu überlassen. Es kam zu einer großen Auseinandersetzung, in deren Verlauf die Sängerin aus der Garderobe flüchtete.

Als Gertrud Bindernagel eine Stunde später durch den Haupteingang das Opernhaus verließ, wurde sie von ihrem Mann bereits erwartet. Um sich eine weitere Auseinandersetzung zu ersparen, wandte sie sich ab und eilte davon. Wilhelm Hintze zog einen Revolver aus der Manteltasche und schoß seiner fliehenden Frau in den Rücken. Von mehreren Schüssen getroffen, brach die Sängerin auf dem Gehweg zusammen.

Der Rettungsdienst brachte die Schwerverletzte ins nahe gelegene Westend-Krankenhaus, wo sie sofort operiert werden mußte. Der Eingriff verlief hoffnungsvoll, bis sich nach zehn Tagen eine Embolie einstellte und Gertrud Bindernagel, noch am selben Tag, im Alter von achtunddreißig Jahren starb.

Ihr Mann, der noch am Tatort von der Polizei verhaftet wurde, stand am 26. März 1933 in Moabit vor Gericht, wo er für seine Tat zwölf Jahre Zuchthaus und zehn Jahre Ehrverlust erhielt.

Unter großer Anteilnahme wurde die große Kammersängerin auf dem Friedhof Heerstraße beigesetzt. Jahrelang legten immer wieder Verehrer Blumen auf ihr Grab nieder. Heute ist es eingeebnet.

DER DOOFE BRUNO
Massenmörder oder Nazi-Opfer?

Ende Januar 1943 fanden Waldarbeiter im Berliner Stadtforst bei Köpenick eine unbekleidete Frauenleiche. Die Meldung erreichte den Leiter der Berliner Mordkommission, Kriminaldirektor Togotzes, während der allmorgendlichen Dienstbesprechung seiner Abteilung im Berliner Polizeipräsidium am Alexanderplatz.

An diesem Morgen herrschte dort ein heilloses Durcheinander, da in der vergangenen Nacht, bei starken Luftangriffen britischer

Fliegerverbände, eine Bombe den Dachstuhl des Gebäudes durchschlagen hatte. Das sich schnell ausbreitende Feuer konnte erst nach Stunden gelöscht werden. Mitten in die Aufräumarbeiten platzte nun die Meldung von der Köpenicker Frauenleiche. Da von den älteren, erfahrenen Kollegen der Mordkommission an diesem Vormittag niemand zur Verfügung stand, beauftragte Togotzes den jungen Kriminalkommissar Heinz Franz mit den Ermittlungen in Köpenick.

Erste Untersuchungen, die Franz am Tatort leitete, ergaben, daß ein unbekannter Täter die Frau nach einer offensichtlich brutalen Vergewaltigung erdrosselt hatte. Nach Auskunft des Polizeiarztes lag die Tatzeit bereits zwei Tage zurück. Schürfwunden am Körper der Toten sowie Sand- und Grasreste unter den Fingernägeln ließen darauf schließen, daß die Frau sich äußerst stark zur Wehr gesetzt haben mußte.

Die Kleidungsstücke der Ermordeten fanden sich verstreut um die Leiche herum, die Beschädigungen vor allem an Rock und Bluse deuteten darauf hin, daß der Täter seinem Opfer die Kleider vom Leib gerissen hatte. In der Manteltasche fand die Polizei den Personalausweis der Toten, der sie als die dreiundvierzigjährige Irmgard D., wohnhaft in Köpenick, identifizierte. Weitere Spuren am Tatort fanden die Beamten nicht.

Kommissar Franz, ein ehrgeiziger SA-Mann, machte sich mit großem Eifer an die Untersuchung. Er ging davon aus, daß es sich bei dem Verbrechen um eine Zufallstat handelte, sich Täter und Opfer zufällig hier im Forst begegneten und der Täter sich dann erst zu diesem Gewaltverbrechen entschloß. Sollte diese Vermutung zutreffen, wäre es denkbar, daß der Täter beruflich im Wald oder in seiner Nähe tätig war, wenn er nicht sogar unweit vom Tatort entfernt wohnte.

So begab sich Franz zuerst auf die Köpenicker Polizeiinspektion, wo er erfuhr, daß am Vortag die Mutter der Toten ihre Tochter als vermißt gemeldet hatte. Anschließend begann er die dort vorhandenen Akten nach in Frage kommenden Verdächtigen durchzusehen. Er konzentrierte sich dabei auf Personen, die durch Belästigung von Frauen oder Vergewaltigungsversuche der Polizei bekannt waren. In den Akten stieß Franz auf einen sechsundfünfzigjährigen Maurer,

der schon einmal wegen Vergewaltigung und mehrerer Nötigungs-
versuche vorbestraft war. Seit seiner Entlassung aus der Haftanstalt,
und die lag immerhin schon achtundzwanzig Jahre zurück, war sein
Name bei der Polizei allerdings nie wieder aufgetaucht. Mit zwei
Beamten begab sich Franz zu der in den Akten angegebenen Adresse des Mannes, um dessen Alibi für die Tatzeit zu überprüfen. Da sie
den Gesuchten in seiner Wohnung nicht antrafen, befragten sie die
Nachbarn und erfuhren, daß dieser schon seit einigen Wochen im
Krankenhaus lag, da er bei einem Arbeitsunfall vom Gerüst gefallen
war. Ein Kontrollanruf am nächsten Morgen im Krankenhaus
bestätigte diese Angaben.

Am nächsten Tag berichteten die Zeitungen ausführlich über den
Mord in Köpenick. Die Leser wurden aufgefordert, zur Aufklärung
dieses brutalen Verbrechens beizutragen. In den folgenden Tagen
gingen bei der Mordkommission am Alexanderplatz zwar vierund-
sechzig Hinweise aus der Bevölkerung ein; wie sich aber bald herausstellte, ergab sich aus diesen keine einzige brauchbare Spur. Drei
Wochen lang ging man jedem einzelnen Hinweis erfolglos nach,
bevor die Ermittlungen wieder bei Null beginnen mußten.

Zur gleichen Zeit gingen in den Büros der Mordkommission einschlägig vorbelastete Sexualverbrecher ein und aus. Auch wenn
ihre Straftaten schon lange zurücklagen, jeder wurde vorgeladen
und auf sein Alibi für den Tattag überprüft. Einhundertachtund-
sechzig Vernehmungsprotokolle füllten mehrere hundert Seiten
Papier und stapelten sich zu stattlichen Bergen auf den Schreibti-
schen der Kriminalbeamten. Aber auch hier wurde die immense
Fleißarbeit nicht belohnt: alle Vorgeladenen durften das Präsidium
freien Fußes wieder verlassen.

Da auch die Untersuchung der Frauenleiche durch die Gerichtsmediziner keinen weiteren Anhaltspunkt auf den möglichen Täter
ergeben hatte, durchkämmte Franz nochmals die Akten der Köpenicker Polizei. Kriminaldirektor Togotzes hatte sich bereits in einer
Dienstbesprechung über den bisher unbefriedigenden Verlauf der
Untersuchungen beklagt und Franz mit der Frage, ob er mit diesem
Fall auch nicht überfordert sei, unter Druck gesetzt.

Nachdem er einige Stunden in mehr oder weniger verstaubten
Aktenordnern geblättert hatte, erweckte die Akte eines gewissen

Bruno Lüdke seine Aufmerksamkeit. Dieser Lüdke, geboren am 3. April 1908 und wohnhaft in Berlin-Köpenick, Grüne Trift 32, war von Beruf Kutscher. Die Delikte, in seiner Akte festgehalten, waren zwar allesamt harmlos, es ging darin um einen Holzdiebstahl im Wald bei Köpenick, ein gestohlenes Huhn und um eine Ente, die aus einem Vorgarten in der Nachbarschaft verschwunden war. Die gegen den Täter eingeleiteten Verfahren waren alle nach §51 StGB, »wegen Schwachsinns unzurechnungsfähig«, eingestellt worden.

Das medizinisch-psychiatrische Gutachten, das zu den Verfahrenseinstellungen führte, war 1939 vom Hauptgesundheitsamt Berlin erstellt worden. Darin wurde Bruno Lüdke als 1 Meter 61 groß, mit kräftigem Körperbau und stumpfem, etwas blöden Gesichtsausdruck beschrieben. Ferner attestierte der untersuchende Arzt angeborenen Schwachsinn, der sich noch dadurch verstärkt haben könnte, daß Lüdke als Kind, im Alter von eineinhalb Jahren, auf den Hinterkopf gefallen war. Bei einer Intelligenzuntersuchung stufte man sein Allgemeinwissen als dürftig ein, seine Kenntnisse im Lesen, Schreiben und Rechnen waren ungenügend. Außerdem fand eine stark verlangsamte Auffassungsgabe in dem Schriftsatz Erwähnung. Weiter ging aus dem Untersuchungsbericht hervor, daß der Unterzeichnende, ein Magistratsmedizinalrat, versucht hatte, Lüdke zu einer »Unfruchtbarmachung« zu überreden. Als dieser dem Wunsch des Medizinalrats nicht zustimmte, wurde gegen ihn ein Zwangssterilisationsverfahren eingeleitet. Das Erbgesundheitsgericht hatte nun anschließend zu klären, ob in Bruno Lüdkes Fall »eine besonders große Fortpflanzungsgefahr« gegeben sei. Obwohl der Proband »bisher wohl ohne Berührung mit Frauen geblieben ist, so läßt doch seine gute körperliche Beschaffenheit nicht begründen, daß das immer so bleiben wird«. Auf Grund dieser Beurteilung fand, im Mai 1940, im Krankenhaus Köpenick Lüdkes Zwangssterilisation statt.

Das, was die Akte für Kommissar Franz so interessant machte, war die Tatsache, daß der Holzdiebstahl im Wald bei Köpenick stattgefunden hatte, und daß Lüdke sich dort vielleicht häufiger aufhielt. Konnte die äußerst brutale Vergewaltigung und anschließende Ermordung des Opfers nicht die Tat eines Schwachsinnigen sein, und deutete dieses verabscheuungswürdige Verbrechen nicht geradezu auf einen Wahnsinnigen, der seinem krankhaften Trieb folgte? So oder ähnlich mag Heinz Franz gedacht haben, als er in der Akte Lüdkes blätterte.

Franz ordnete nach beendetem Aktenstudium an, daß die Köpenicker Kollegen Lüdke am nächsten Tag auf das Revier bringen sollten, um ihn nach seinem Alibi für die Tatzeit zu befragen. Den Einwand der Beamten: »Der doofe Bruno, der ist doch harmlos, den kennen wir schon seit Jahren und er hat uns nie große Schwierigkeiten gemacht«, ließ er nicht gelten.

Bruno soll ein freundliches Kind gewesen sein, das nach Aussage einer Tante mütterlicherseits schon lächelnd das Licht der Welt erblickte. Im Alter von knapp zwei Jahren fiel er dann drei Steinstufen hinunter, die von der Küche in den Garten des elterlichen Hauses führten. Wahrscheinlich wäre dabei gar nicht viel passiert, wenn er nicht mit dem Hinterkopf auf die scharfe Kante eines gußeisernen Schuhabstreifers gefallen wäre, der neben der untersten Treppenstufe einzementiert war.

Die Schulzeit muß für ihn ein Martyrium gewesen sein. Die Lehrer bescheinigten ihm in allen Zeugnissen gute Führung und einwandfreies Betragen, seine Leistungen blieben aber in allen Schulfächern unzulänglich, was sich auch darin ausdrückte, daß er das Klassenziel der sechsten Klasse auch im dritten Anlauf nicht erreichte. Die letzten drei Schuljahre bis zum September 1922 besuchte Bruno die Köpenicker Hilfsschule, wo seine Lernerfolge allerdings auch unter dem Klassendurchschnitt der Mitschüler blieben. Daß Kinder bekanntlich recht grausam im Umgang miteinander sein können, machte Bruno das Leben nicht leichter. Hänseleien waren nach späteren Aussagen der Nachbarn an der Tagesordnung und die Rufe »Der doofe Bruno kommt« eilten ihm häufig voraus, wenn er durch die Straßen von Köpenick ging.

Seine Eltern besaßen in Köpenick die Wäscherei Lüdke, die durch ihren Lieferservice und günstige Preise bei den Kunden beliebt war. Zu regelmäßigen Zeiten holte Brunos Vater mit seinem Pferdefuhrwerk die gebrauchte Wäsche der Kunden ab und brachte sie wenige Tage später gewaschen wieder zurück. Da an Wäschereibetrieben in Berlin kein Mangel herrschte, führte der Konkurrenzdruck dazu, daß auch in weit von Köpenick entfernten Bezirken der Stadt die

Wäsche abgeholt werden mußte. In den Schulferien begleitete Bruno seinen Vater auf den täglichen Kutschfahrten kreuz und quer durch Berlin. Zu Pferden hatte er ein inniges Verhältnis, und schon bald beherrschte er auch alle Finessen, die einen erfahrenen Kutscher auszeichneten. Da Bruno auch bei den Kunden beliebt war, bot es sich nach Beendigung der Schulzeit an, ihn nun regelmäßig in der elterlichen Wäscherei mitarbeiten und auch einen Teil der Fuhren selbstständig übernehmen zu lassen.

Brunos Schwierigkeiten im Lesen, Schreiben und Rechnen setzten allerdings voraus, daß der Vater mit ihm anfangs die Routen abfuhr, ihm die Kunden vorstellte und die Rechnungen, die er sofort kassieren sollte, vorher ausschreiben mußte. Hatte der Vater ihm alles, notfalls auch mehrfach gezeigt, gab es nur selten Probleme. Bruno galt als zuverlässig, stets freundlich und hilfsbereit den Kunden gegenüber, und mit Pferd und Fuhrwerk hatte er keinerlei Schwierigkeiten. So konnte er nach einigen Monaten die meisten Lieferfahrten alleine durchführen. Nur wenn neue Kunden hinzukamen, fuhr der Vater mit, um seinem Sohn, der weder Namens- noch Straßenschilder lesen konnte, den Weg zu zeigen.

Nie hatte Bruno in den zurückliegenden Jahren mit Mädchen oder Frauen etwas zu tun gehabt. Natürlich machte man sich häufig über ihn lustig und rief ihm so einiges wie:»Na Bruno, wie isses mit die Frauen, haste schon mal jepimpert?« auf der Straße nach. Bruno soll in solchen Fällen nur gegrinst haben. Manchmal soll es aber auch vorgekommen sein, daß er Frauen im Vorbeifahren recht unflätige Bemerkungen hinterherrief, die er vermutlich irgendwann woanders aufgeschnappt hatte. Ansonsten nahm ihm niemand etwas übel, zumal er in der Regel auch sehr zurückhaltend war und man ihm nur mit großer Ausdauer einige Worte entlocken konnte.

Nach Aussage der Mutter trank Bruno keinen Alkohol, er war ihm zu bitter. Anders war es mit Tabak. Wenn man ihn glücklich machen wollte, dann konnte man das sehr leicht mit einer Zigarette oder, was ihm noch lieber war, einer Zigarre tun. Stolz saß er dann auf seinem Kutschbock; langsam und genußvoll an der Zigarre paffend, drückten seine Gesichtszüge höchste Zufriedenheit aus. Den Zigarrenstummel legte er erst wieder aus der Hand, wenn dieser schon so kurz geworden war, daß er sich daran die Finger verbrannte.

An manchen Tagen kam es vor, daß Bruno mit dem Fuhrwerk erst spät nach Einbruch der Dunkelheit von seiner Wäschetour zurückkehrte. Entweder war er noch etwas in der Gegend herumgefahren oder hatte unterwegs etwas Interessantes gesehen hatte, worüber er die Zeit vergessen konnte.

1937, wenige Wochen nach Brunos neunundzwanzigsten Geburtstag, starb Brunos Vater. Die Mutter betrieb mit Bruno die Wäscherei weiter, die aber bald in finanzielle Schwierigkeiten geriet. Die Mutter kümmerte sich um die Wäsche, ihr Sohn übernahm nun alle Liefertouren. Da sich der Vater in der Vergangenheit immer um das Rechnungswesen sowie die anfallenden Büroarbeiten gekümmert hatte und auch stets neue Kunden für die Wäscherei warb, klaffte in diesem betriebswichtigen Bereich bald eine große Lücke, die weder Bruno noch seine Mutter Emma füllen konnten. Bis zum Sommer 1940 gelang es ihnen, den Betrieb aufrecht zu erhalten, dann mußte die Wäscherei Lüdke schließen.

Bruno fand Arbeit in einer Köpenicker Fabrik und sein Arbeitgeber war anfangs mit seiner Arbeit recht zufrieden. Er hielt ihn zwar für etwas beschränkt, andererseits in manchen Belangen aber auch für recht schlau, wie er später bei der Polizei aussagte. Er beklagte sich aber über häufige Krankheitszeiten und darüber, daß Bruno mehrfach unentschuldigt der Arbeit ferngeblieben sei. Offensichtlich vermißte dieser die Freiheit, die er bei seinen Lieferfahrten in der Vergangenheit hatte, und war nun häufiger, auch wenn er eigentlich bei der Arbeit sein sollte, irgendwo mit seinem Fahrrad unterwegs. Niemand wußte genau, wo er sich in dieser Zeit herumtrieb. Manchmal blieb er auch einige Tage hintereinander verschwunden und erzählte der Mutter anschließend, daß er weit weg war, über die Grenzen Brandenburgs hinaus, was sich allerdings nie klären ließ, da Bruno die Ortsschilder nicht lesen und somit keine genaueren Angaben machen konnte.

Als seinem Arbeitgeber die Fehlzeiten zu viel wurden, kündigte er Bruno. Eine neue Arbeit fand dieser als Mehlabträger bei der Köpenicker Mühle, die er aber nach sechs Monaten wieder aufgeben mußte, da seine Mutter schwer erkrankt war und er sie nun pflegen mußte. Den Tod der Mutter im Februar 1943 soll Bruno nur sehr schwer verkraftet haben.

Er war nun weitgehend auf sich selbst gestellt, da aus seiner Familie nur noch zwei Tanten lebten, die selbst schon in hohem Alter waren und sich nicht sehr viel um Bruno kümmern konnten.

Am Vormittag des 18. März 1943 wurde Bruno Lüdke von zwei Polizeibeamten auf seiner neuen Arbeitsstelle, der Köpenicker Wäschereigenossenschaft, zur Vernehmung auf dem Polizeirevier abgeholt. Es wird für den von seinen Kollegen als »zackigen SA-Mann« beschriebenen Heinz Franz nicht leicht gewesen sein, den langsam denkenden Bruno Lüdke zu vernehmen. Wie aus dem ersten Protokoll dieses Tages ersichtlich, war er gezwungen, jede Frage mehrfach zu formulieren, bis sie bei Bruno mit langen Verzögerungen ankam. Nach sechsstündiger Vernehmung war Brunos Alibi für die Tatzeit noch immer ungeklärt, was nicht verwunderlich war, da er den vielen ungeduldigen Fragen des Kommissars vermutlich schwer folgen konnte.

Am Tag des Verbrechens war Bruno bis fünfzehn Uhr an seinem Arbeitsplatz in der Wäscherei, was letztlich für Franz aber nicht von Interesse war, da der Mord erst zwei Stunden später verübt wurde. Was er anschließend gemacht hatte, daran konnte sich Bruno nicht mehr eindeutig erinnern. Zeugen für den Nachmittag gab es auch nicht, da Bruno meist nach der Arbeit nach Hause ging oder mit dem Rad in der Gegend herumfuhr. Nach Brunos Aussagen war sein Fahrrad an diesem Tage aber kaputt, so daß er es nicht benutzen konnte. Als Franz daraufhin mit Fangfragen nachhakte, verwirrte er Bruno so sehr, daß sich dieser in Widersprüche verwickelte.

Wenn Brunos Angaben für den Tattag stimmten, wäre es ihm ohne Fahrrad nicht möglich gewesen, den Tatort rechtzeitig zu erreichen und er käme als Täter somit nicht in Betracht. Für Franz stand allerdings fest, daß Bruno für die Tatzeit kein gesichertes Alibi besaß und somit sein Hauptverdächtiger blieb. Er erwirkte einen Haftbefehl und ließ Bruno sofort zum Polizeipräsidium am Alexanderplatz überführen.

Am nächsten Morgen setzte Franz die Vernehmung in seinem Büro fort. Ohne Rücksicht auf Brunos Gemütszustand verhörte er ihn fast acht Stunden hintereinander und gönnte ihm zwischendurch keine nennenswerte Pause. Die Vernehmung brachte keine konkreten Ergebnisse, die auf Bruno als Täter hinwiesen. Allerdings hatte man ihn mit den unzähligen Fragen so stark eingeschüchtert, daß er selbst eine Anwesenheit im Berliner Stadtforst am Tag des Verbrechens nicht mehr ausschließen wollte.

Am späten Nachmittag ließ der Kommissar Bruno in seine Zelle zurückbringen und erstattete seinem Vorgesetzten Togotzes Bericht. In diesem Rapport hat Franz vermutlich darauf hingewiesen, daß der Verhaftete seiner Meinung nach auch für weitere bisher ungeklärte Mordfälle in Frage käme und es denkbar sei, daß dieser so harmlos wirkende Lüdke in Wirklichkeit ein brutaler Serientäter war. Togotzes wies seinen Untergebenen an, diese vielversprechende Spur mit allen Mitteln weiterzuverfolgen.

Den Vernehmungsprotokollen ist zu entnehmen, daß Bruno trotz des vielstündigen Verhörs am gleichen Abend nochmals zu einer weiteren Vernehmung vorgeführt wurde. Kommissar Franz verhörte den Verdächtigen nun allein, ohne daß ein weiterer Beamter – wie sonst üblich – anwesend war. In einer Aktennotiz begründete Franz sein Vorgehen damit, daß nach seinem persönlichen Eindruck der Verdächtige durch die Anwesenheit mehrerer Beamter zusätzlich verwirrt werde und es für ihn einfacher sei, zu einer Einzelperson ein gewisses Vertrauensverhältnis aufzubauen. Dieses Verhör erstreckte sich nochmals über mehrere Stunden und endete spät in der Nacht. Es ist vorstellbar, daß Bruno, völlig überfordert durch die langen Befragungen, allem zustimmte, was Kommissar Franz ihm in den Mund legte. So ist es wenig verwunderlich, daß die Zeitungen am 21. März 1943, zwei Tage nach dem nächtlichen Verhör, über die erfolgreiche Aufklärung des Köpenicker Frauenmordes berichteten. Den Zeitungsberichten war außerdem zu entnehmen, daß der mutmaßliche Täter in Verdacht stehe, noch weitere Morde verübt zu haben.

Einige Tage nach dem ersten Bericht verkündeten die Zeitungen, daß der aus Köpenick stammende Bruno Lüdke, der in der Vergangenheit schon wegen anderer Verbrechen mit der Polizei zu tun hatte, noch einen zweiten Frauenmord gestanden habe. Das es sich bei den »anderen Verbrechen« um Holz-, Hühner- und Blumendiebstahl handelte, war der Presse offensichtlich nicht von der Polizei mitgeteilt worden.

In den darauffolgenden Wochen erschienen immer mehr Artikel zu diesem Thema, da es der Kriminalpolizei gelang, dem Täter – von den Zeitungen schon als »Monster von Köpenick« bezeichnet – immer neue Mordgeständnisse zu entlocken. Bruno Lüdke gestand in endlosen Vernehmungen insgesamt dreiundfünfzig Morde. Die Kriminalpolizei konnte hoch zufrieden sein mit der Arbeit des tatkräftigen Kommissars Franz, da dieser mit seinem detektivischen Spürsinn deutlich bestätigte, was der »Führer« und sein Reichspropagandaminister in der Vergangenheit schon immer betont hatten: daß Kriminelle in Deutschland keine Chance hätten und man diese Subjekte mit allen Mitteln verfolgen werde, um die deutsche Bevölkerung zu schützen.

Es störte die fleißigen Ermittler nicht, als Bruno laut Protokoll bei einem Ortstermin den Tatort erst dann fand, nachdem man ihn fragte: »Könnte es nicht hier gewesen sein?«. An anderer Stelle zu einem weiteren Mord befragt, gab Bruno an, daß er hier sein Opfer vergewaltigt habe, obwohl die aufgefundene Ermordete beraubt und nicht Opfer eines Sexualverbrechens wurde. Ungereimtheiten dieser Art hatte die Mordkommission vermutlich Brunos schlechtem Erinnerungsvermögen zugeschrieben.

Von den dreiundfünfzig Morden hatten sich nur neunzehn in Berlin ereignet, alle anderen Tatorte befanden sich verteilt über das gesamte damalige Deutsche Reich, von der Ostseeküste bis nach Bayern. Überall half der Fall Lüdke, die Aufklärungsquoten bei Mordfällen in deutschen Provinzen aufzupolieren. Auch offensichtliche Widersprüche störten dabei nicht. Es spielte keine Rolle, daß sich unter den Mordopfern auch Männer befanden, da Lüdke vier Ehepaare ermordet haben sollte. Bruno sagte aus, daß er alle Opfer sexuell mißbraucht hatte, aber nie seinen Opfern etwas gestohlen habe. Unter den Ermordeten befanden sich aber viele Frauen, an denen sich der Täter nicht vergangen hatte, andere Tötungsdelikte waren eindeutige Raubmorde, wo der oder die Täter ihren Opfern in zwei Fällen sogar die ganze Wohnung ausgeräumt hatten. Auch das Alter der Frauen hatte offensichtlich keine Rolle gespielt, die jüngste Ermordete war eine Vierzehnjährige, die älteste nah an achtzig Jahren. Wenn Lüdke für all diese Verbrechen verantwortlich gewesen wäre, hätte er achtzehn Jahre lang ständig kreuz und quer durch Deutschland reisen müssen. Die ganzen Jahre hindurch, in denen Bruno nachweislich erst mit seinem Vater und später allein auf seinen festgelegten Wäschetouren unterwegs war, interessierten Kommissar Franz offensichtlich wenig, er bezog sich stets auf die »freiwilligen« Aussagen von Bruno, auch wenn dieser an manchen Tagen überhaupt nicht in der Nähe des Tatorts gewesen sein konnte. Mindestens an vier, oft aber an fünf Tagen in der Woche holte oder lieferte die Wäscherei Lüdke Wäsche zu ihren Kunden. Da der Vater sowie auch die Mutter als Zeugen nicht mehr zur Verfügung standen, Bruno sich an viele Termine im einzelnen nicht mehr erinnern konnte, blieben aber noch vorhandene Lieferrechnungen und Quittungen der Inkassotätigkeit, die die Polizei nach Brunos Verhaftung beschlagnahmt hatte. Über die Auswertungen dieser Geschäftsunterlagen im Zusammenhang mit Tatzeiten finden sich in den Akten keine Hinweise. Ebenso erstaunlich ist, daß in der unmittelbaren Nähe von Brunos Liefertouren sich keine Morde ereignet hatten.

An Hand der noch verfügbaren Aktenbestände, die sich im Brandenburgischen Landeshauptarchiv in Potsdam befinden, lassen sich ohne großes Suchen zahllose Widersprüche entdecken. Es finden sich in Protokollen vielfach Formulierungen, bei denen der Leser das Gefühl hat, daß hier einem geistig schwachen Menschen Aussagen vorformuliert wurden. Offensichtlich hat sich auch in den vielen Wochen der Verhöre von Brunos Seite ein Vertrauensverhältnis zu Kommissar Franz entwickelt.

Da im Deutschen Reich noch weitere unaufgeklärte Mordfälle warteten, reiste Kommissar Franz am 29. September 1943 mit Bruno nach Hamburg. Auch dort zeigte dieser sich sehr entgegenkommend, indem er nach wenigen Stunden nochmals drei Morde gestand. Vermutlich wäre er zu weiteren Geständnissen bereit gewesen, wenn die Hamburger Polizei nicht viele seiner Aussagen angezweifelt hätte, da man mehrfach Widersprüche feststellte und diesen, anders als in Berlin, auch nachging. Schriftlich machte man die Berliner Kriminalpolizei auf offensichtlich falsche Geständnisse des Bruno Lüdke aufmerksam, worauf Franz mit seinem Schützling wieder nach Berlin zurückkehrte. Möglicherweise trug dieser schriftliche Bericht aus Hamburg mit dazu bei, daß die Zeitungen nicht mit weiteren Geständnissen des »Massenmörders« beliefert wurden, vielleicht wollte man eventuellen peinlichen Nachfragen entgehen. Wie dem auch sei, der Fall Bruno Lüdke wurde kurz danach zur »Geheimen Reichssache« erklärt, was in der Praxis bedeutete, daß die Akten in den labyrinthartigen Kellern des Reichssicherheitshauptamtes in der Prinz-Albrecht-Straße verschwanden.

Unter dem Vorwand, bei den andauernden nächtlichen Luftangriffen auf die Reichshauptstadt könnte auch das Polizeigefängnis getroffen werden und dabei die Flucht des Massenmörder Bruno Lüdke möglich sein, sollte dieser außerhalb der Stadt, an einem »sicheren Ort«, inhaftiert werden. Für diese Anordnung war Amtschef SS-Gruppenführer Arthur Nebe verantwortlich, der zu den vielen schillernden Persönlichkeiten gehörte, die im nationalsozialistischen Machtapparat Karriere gemacht hatten.

Als Schüler wollte Arthur Nebe Pfarrer werden, mußte diesen Plan aber aufgeben, da er das Abitur wegen zu schwacher Leistungen nicht bestand. Bei Ausbruch des Ersten Weltkrieges meldete er sich freiwillig zum Militär. Vielleicht meldete er sich aus Patriotismus, es kann aber auch sein, daß das Notabitur, mit dem jeder freiwillig ins Feld ziehende Oberschüler belohnt wurde, ihn letztlich bewegte. Nach Kriegsende ging Nebe zur Kriminalpolizei, wo er mit viel Mühe, im zweiten Anlauf, die Kommissarsprüfung bestand. Es hieß später in Kollegenkreisen, daß auch dieser Versuch vermutlich gescheitert wäre, wenn Nebe sich nicht zuvor entschlossen hätte, SPD-Mitglied zu werden. In den folgenden Jahren gelang ihm bei der Kripo eine beachtenswerte Karriere, die ihn Mitte der zwanziger Jahre zum Leiter der Spezialabteilung Rauschgiftbekämpfung aufsteigen ließ. Nach der Machtübernahme durch die Nationalsozialisten ließ er die schon länger bestehende NSDAP-Mitgliedschaft seiner Ehefrau auf seinen Namen umschreiben und gehörte so zu den Nationalsozialisten der ersten Stunde, was seiner künftigen Karriere sehr zugute kam. So dauerte es auch nicht sehr lange, bis man ihn mit dem Aufbau des Reichs-Kriminal-Polizei-Amts beauftragte. Das »RKPA« sollte eine ähnliche Funktion erfüllen wie Scotland Yard in Großbritannien oder das FBI in den Vereinigten Staaten. Als für ihn absehbar war, daß der Zweite Weltkrieg nicht mehr gewonnen werden konnte, schloß sich Nebe den Widerstandskämpfern des 20. Juli 1944 an, vielleicht auch in der Hoffnung, nach dem Zusammenbruch wieder in der ersten Reihe stehen zu können. Er wurde enttarnt, kurz darauf verhaftet und aufgrund eines Volksgerichtshofentscheids durch den Strang hingerichtet.

Am 10. Dezember 1943 erhielt Kommissar Franz den Auftrag, Bruno Lüdke aus Sicherheitsgründen persönlich nach Wien zu überstellen. Dort diente Bruno den Nationalsozialisten als Versuchskaninchen; diverse psychiatrische und anthropologische Untersuchungen wurden durch Professor Schneider für das Kriminalmedizinische Zentralinstitut der Sicherheitspolizei beim RKPA an ihm durchgeführt.

Bruno hat sein Ende offenbar vorhergeahnt, da er mehrfach davon gesprochen haben soll, daß er große Angst habe, getötet zu werden. Wie berechtigt seine Angst war, geht aus einem Telegramm hervor, das Kriminalkommissar Franz am 1. März 1944 an Kriminaldirektor Togotzes übermittelte: »eilt sehr – sofort vorlegen krim. –medizinische untersuchungen mit l. in etwa 8 tagen abgeschlossen (...) prof. sch. lehnt liqui. ab. verweist auf kurierbericht an ss-gruppenführer nebe v. 1/3.44. erwarte hier durch fs. weitere weisungen.«

Es kann als sicher angesehen werden, daß Bruno Lüdke in Wien umgebracht wurde und keines natürlichen Todes starb, wobei über die Tötungsart nichts bekannt wurde. Die ausgestellte Sterbeurkunde vom 26. April 1944 gibt an, daß er am 8. April 1944 um 14 Uhr in Wien an »Herzlähmung« verstorben ist.

In Berlin wurde Kommissar Franz mit der Benachrichtigung der Verwandten beauftragt. Er teilte diesen mit, daß Bruno an einer ansteckenden Krankheit in Wien verstorben und anschließend sofort in einem Wiener Krematorium eingeäschert worden sei. Als Brunos Verwandte den Wunsch äußerten, seine Urne nach Berlin überführen zu lassen, um sie im Grab der Eltern beizusetzen, teilte Franz ihnen mit, daß diesem Wunsch nicht entsprochen werden könne, da ein Massenmörder jegliche bürgerlichen Ehrenrechte verwirkt hätte.

Ob Bruno Lüdke in seinem Leben je einen Menschen umgebracht hat – und wenn doch, ob er dann auch ein Serienmörder war –, das wird heute nicht mehr zu klären sein. Nie hat sich ein Gericht mit seinem Fall befaßt, und kein Anwalt hatte die Möglichkeit, ihn zu verteidigen. Um ihn aber zu einem Teil postum zu entlasten, sei angemerkt, daß im April 1952 ein Handelsvertreter aus dem norddeutschen Raum sein Gewissen bei der Polizei erleichterte und gestand, eine siebenundsiebzigjährige Hamburgerin im Jahre 1929 ermordet und anschließend beraubt zu haben. Wie sich herausstellte, hatte Bruno Lüdke bei seinem Aufenthalt in Hamburg im Beisein von Kommissar Franz auch diesen Mord gestanden, worauf die Akte geschlossen wurde. Die Hamburger Staatsanwaltschaft bestätigte nach Abschluß ihrer Untersuchung, daß der geständige Handelsvertreter und nicht Bruno Lüdke der Täter war.

»DOKTORCHEN«
Der Al Capone von Berlin

Am 10. November 1950 wird der sieben Monate zuvor zum Tode verurteilte Werner Gladow in der Strafanstalt Frankfurt/Oder auf der Guillotine hingerichtet. Als er am frühen Morgen dem Scharfrichter gegenübersteht, ist er gerade neunzehn Jahre alt. Wenige Sekunden nachdem der Gefängnispfarrer die Worte »Gott sei seiner Seele gnädig« gesprochen hatte, löst der Scharfrichter den Mechanismus aus, der das Fallbeil hinuntersausen läßt. Die Enthauptung des Werner Gladow setzt den Schlußstrich unter das blutigste Kapitel von Bandenkriminalität der Berliner Nachkriegszeit.

Werner Gladow wurde am 8. Mai 1931 als Sohn des arbeitslosen Fleischers Ernst Gladow und seiner Ehefrau Lucie in Berlin geboren. Sein Elternhaus war nicht die ideale Umgebung für die Entwicklung eines Kindes. Der Vater wurde von den Nachbarn als »arbeitsscheuer Säufer« beschrieben, der Frau und Kind häufig verprügelte und der Polizei als skrupelloser Schläger bekannt war. Die Mutter, als letztes von zwanzig Kindern in Ostpreußen geboren, soll eine hochgradige Hysterikerin gewesen sein, die mit der Erziehung ihres Kindes völlig überfordert war.

Einige Monate nach Kriegsbeginn wurde der Vater Soldat und nach seiner Grundausbildung an die Ostfront verlegt. Als die Mutter wegen der ständigen Luftangriffe auf die Stadt mit ihrem Sohn aus Berlin evakuiert wurde, mußte Werner Gladow in dieser Zeit elfmal die Schule wechseln. Nach Kriegsende, wieder zurück in Berlin, sollte er seine Schulzeit an der Knabenmittelschule in der Frankfurter Allee fortsetzen, woran dieser aber nur geringes Interesse zeigte. Er schwänzte gern den Unterricht und verbrachte seine Zeit lieber in den vielen billigen Kinos der Westsektoren, die in der Nachkriegszeit überall eröffneten.

Werner Gladow liebte vor allem amerikanische Gangsterfilme, die sich mit den großen Unterweltbossen der zwanziger Jahre in den USA befaßten. Sein großes Idol war schon damals Al Capone, der als »König der Unterwelt« ganz Chicago in Angst und Schrecken versetzt hatte. Nachdem Gladow dessen Biographie »Ein Mensch wird zum Verbrecher« mehrfach gelesen hatte, beschloß er, der Al Capone Berlins zu werden.

Ende 1946 begann die kriminelle Karriere des Fünfzehnjährigen. Es war die Zeit der Schwarzmärkte, die sich seit Kriegsende zwischen dem Bahnhof Zoo und dem Alexanderplatz an vielen Stellen der Stadt etabliert hatten. Gemeinsam mit anderen Jugendlichen versuchte er sich damals in ersten Gaunereien, wie dem Diebstahl einer Tafel Schokolade auf dem Alex, die er nur wenige Minuten später an gleicher Stelle weiterverkaufte. So harmlos blieben aber die Delikte nicht lange, denn Gladow lernte schnell die Kniffe für unterschiedlichste Betrügereien. Er betätigte sich erfolgreich als Falschgeldhändler und genoß, trotz seiner Jugend, bald den Ruf als »Kipperkönig vom Alexanderplatz«.

Im Sommer 1947 wurde Gladow auf frischer Tat ertappt, wie er einem Schieber, der bei ihm tausend Mark in kleine Scheine einwechseln wollte, ein engverschnürtes Bündel Zehn-Mark-Scheine übergab. Allerdings, und darin bestand der Kipper-Trick, war nur der oberste und der unterste Geldschein echt, dazwischen ein Bündel wertloses Papier. Im Moment der Übergabe rief ein in der Nähe stehender Gladow-Helfer: »Polente! Achtung Razzia!« Bevor der Schieber, abgelenkt durch die nun entstehende Unruhe, zum Nachzählen des Geldes kam, war der Kipper mit seiner Beute in der dichten Menschenmenge längst verschwunden.

An diesem Tag allerdings stellte sich der vermeintliche Schieber als Polizist in Zivil heraus, in dessen Nähe noch weitere Zivilbeamte postiert waren, die Gladow und auch seinen Helfer schnappten.

Da sich Werner Gladow seiner Festnahme energisch widersetzte und dabei einen Polizeibeamten verletzte, verurteilte ihn das Gericht zu vier Monaten Jugendstrafe in Plötzensee, ohne Bewährung. Obwohl Gefängnisse auch Besserungsanstalten genannt werden, ist ihre Wirkung oftmals eher entgegengesetzt. So auch bei dem sechzehnjährigen Werner Gladow, der in Plötzensee einige seiner späteren Bandenmitglieder kennenlernte, mit denen er schon in der Gefängniszelle seine kriminelle Zukunft plante. So teilte er während der viermonatigen Haft seine Zelle mit Werner Papke, der später unter dem Decknamen »Sohni« bei vielen Verbrechen der Gladow-Bande mitmachen sollte.

Nach Verbüßung seiner Haftstrafe machte sich Gladow an die Verwirklichung seines großen Jugendtraums: wie Al Capone ein Unterweltboß mit eigener Bande zu werden. Zuerst benötigte er für seine ehrgeizigen Pläne allerdings Geld. Zum Schwarzmarkt am Alexanderplatz wollte er aber in keinem Fall mehr zurück, da er dort der Polizei mit seinem Kipper-Trick bekannt war.

Seit seiner Entlassung aus Plötzensee zieht Werner Gladow viel mit Sohni, seinem Zellengenossen, durch die Stadt, immer auf der Suche nach einem lohnenden Coup. Sohni ist nicht der Hellste, sein Horizont ist eher begrenzt, er ist aber für Gladow interessant, da er zwei Pistolen besitzt, von denen er Gladow eine bereitwillig über-läßt. Außerdem kann dieser an Sohni seine »Führungsqualitäten« schulen.

Die erste Idee, auf leichte Art an Geld zu kommen, stammt von Sohni. Er hat im Schaufenster eines Fotogeschäfts in der Charlottenburger Rankestraße eine *Leica* gesehen, die sich vermutlich gut verkaufen läßt. So machen sich beide im April 1948 auf den Weg nach Charlottenburg und erreichen die Rankestraße kurz vor Ladenschluß. Da Glasscheiben noch immer Mangelware sind, hat der Fotohändler sein im Krieg zerstörtes Schaufenster mit Holz verkleidet. Nur in der Mitte befindet sich eine kleine Glasscheibe, hinter der auf einem Sockel die *Leica* steht.

Gladow schlägt kurzerhand die Scheibe mit dem Ellenbogen ein und greift die *Leica*. In dem Moment, wo beide mit der Beute flüchten wollen, stürmen zwei Männer aus dem Laden und nehmen sofort die Verfolgung der Diebe auf. Gladow dreht sich um, zieht die Pistole aus der Jacke und schießt auf die Verfolger. Getroffen sinkt einer der beiden Männer zu Boden, der andere gibt die Verfolgung auf. Sohni und Gladow rennen in Richtung Augsburger Straße und entkommen unerkannt.

Als sie sich etwas später das Beutestück genauer ansehen, ist die Enttäuschung groß: die vermeintlich wertvolle Leica ist nur eine Dekorationsattrappe. Von außen nicht zu erkennen, fehlt ihr das gesamte fotografische Innenleben.

Wenige Tage später verüben die beiden ihren nächsten Raub, diesmal auf einem Rummel an der Schönhauser Allee. Sie überfallen den Kassierer der Achterbahn, als dieser nach Feierabend mit der Tageskasse sein Fahrgeschäft verläßt. Maskiert und mit vorgehaltener Waffe fordern sie ihn auf, die Geldkassette fallen zu lassen. Als der Kassierer nicht sofort reagiert, schießt Gladow ihm in den Oberarm, worauf die Kassette zu Boden fällt. Durch den Schuß alarmiert, tauchen andere Schausteller in der Nähe des Tatortes auf. Um sie von einer Verfolgung abzuhalten, feuern Sohni und Gladow einige Schüsse über ihre Köpfe, bevor sie im Dunkeln verschwinden. Die Beute beträgt knapp zweitausend Mark, nicht allzu viel, aber Al Capone hat ja auch einmal klein angefangen.

Beflügelt vom ersten finanziellen Erfolg sucht Werner Gladow nun nach Kriminellen, die für seine zukünftige Bande in Frage kommen. Kontakte knüpft er an den einschlägig bekannten Orten wie dem Scheunenviertel, in den Kaschemmen um den Schlesischen Bahnhof und am Bahnhof Zoo. Sein Interesse gilt ausschließlich professionellen Ganoven mit einschlägiger Berufserfahrung. Es gelingt ihm, acht Kriminelle für seine Bande zu gewinnen, darunter Einbrecher, Diebe, Hehler, Schläger und Tipgeber. Obwohl Gladow der Jüngste von ihnen ist, verschafft er sich den nötigen Respekt, um als Bandenchef anerkannt zu werden. Seine entschlossene Wildheit sowie sein selbstsicheres Auftreten tragen dazu bei.

Gladow ist nun rund um die Uhr damit beschäftigt, ständig neue Raubzüge und Verbrechen bis ins kleinste Detail zu planen. Jedes Bandenmitglied erhält einen Decknamen, und außer Gladow selbst kennt keiner die richtigen Namen und Adressen der anderen Mitglieder. Gladow selbst wird »Doktorchen« genannt, ein Spitzname den er schon in Plötzensee bekam, da er dort den Mitgefangenen erzählt hatte, daß er ein Semester Medizin studiert habe.

Die Bande trifft sich nie in geschlossenen Räumen, Treffpunkte sind meist Parkanlagen oder Kinderspielplätze, die mehrere Fluchtmöglichkeiten bieten. Zu den jeweiligen Vorhaben sucht Gladow sich immer nur einige Mitglieder aus, die er für diesen speziellen Fall als kompetent ansieht. Die geschickt aufgezogene Organisation wächst ständig und besteht nach wenigen Monaten aus achtundsiebzig Mitgliedern. Eine Bande dieser Größe und Aktivität hatte es in Berlin bisher nie gegeben.

Es vergeht kaum eine Woche, in der eines der von Gladow geplanten Verbrechen die Spalten der Berliner Zeitungen nicht füllt. Allerdings ahnt die Polizei in dieser Phase noch nicht, daß hinter der Vielzahl von Straftaten eine straff organisierte Bande steht.

Gladow rüstet nach und nach alle Mitglieder, die an seinen Aktionen teilnehmen, mit Schußwaffen aus, die sie zumeist durch gezielte Überfälle auf Ost-Berliner Volkspolizisten erbeutet hatten. Ein Vopo, der sich seiner Entwaffnung aus verständlichen Gründen widersetzte, wurde dabei niedergeschossen. Diese Waffen werden in bis dahin unbekanntem Maße eingesetzt, vor allem, um sich den Fluchtweg freizuschießen.

Mit welcher außergewöhnlichen Brutalität die Gladow-Bande bei ihren Verbrechen vorgeht, wird bei dem Raubüberfall vom 7. Dezember 1948 deutlich. Gegen 19 Uhr betreten Gladow, Sohni und zwei weitere Bandenmitglieder das Haus Frankfurter Allee 268. Zwei Mann bleiben im Hausflur und stehen Schmiere, während Sohni und Gladow die Treppe zum vierten Stock hinaufsteigen, wo der Kaufmann Bruno Broscheit ein Kommissionsgeschäft betreibt. Diese Tauschzentralen, die nach dem Krieg wie Pilze aus dem Boden schossen, machen ihr Geschäft mit der Not der Bürger, oft am Rande der Illegalität. Der Kommissionär fragt nie nach der Herkunft der Waren, die er an andere weitergibt, ihn interessieren nur die Prozente, die er für seine Vermittlung erhält.

Es ist kurz vor Feierabend, als die beiden Ganoven, maskiert und mit vorgehaltener Pistole, die Geschäftsräume betreten. Außer dem Inhaber Bruno Broscheit und seiner Geschäftsführerin ist auch noch eine Kundin anwesend. Die Maskierten drängen die drei ins

Hinterzimmer, wo sie sich auf den Boden legen müssen, bevor sie von Sohni gefesselt werden. Den Inhaber fordert Gladow auf, die Kasseneinnahmen herauszugeben. Als dieser behauptet, daß er kein Bargeld im Hause habe, schlägt ihm Gladow mit dem Pistolengriff ins Gesicht. Anschließend knöpft sich Gladow die Geschäftsführerin vor. Mit einem Messer fuchtelt er der Frau vor dem Gesicht herum und fordert sie auf zu sagen, wo sich das Geld befindet. Als diese immer wieder jammert: »Hier ist kein Geld«, wird Gladow wütend und sticht ihr mit dem Messer mehrfach in Brust und Arme. Blutüberströmt und bewußtlos sinkt sie zu Boden.

Erneut traktiert Gladow den noch am Boden liegenden Inhaber. Er reißt ihm Schuhe und Strümpfe von den Füßen und steckt zwischen dessen Zehen zusammengedrehtes Zeitungspapier, das er anschließend mit seinem Feuerzeug anzündet. Der Gepeinigte gesteht, daß sich sein gesamtes Geld in seiner Wohnung in der Pfarrstraße befindet. Gladow läßt sich die Wohnungsschlüssel geben und geht anschließend mit Sohni in einen Nebenraum, wo er ihn beauftragt, mit einem der unten im Treppenhaus wartenden Bandenmitglieder in Broscheits Wohnung zu gehen und das Geld, das sich in einer Kassette befinden soll, zu holen. Gladow will solange warten, um Broscheit einen gehörigen Denkzettel zu verpassen, falls dieser gelogen haben sollte.

Unbemerkt war es Broscheit inzwischen gelungen, sich von seinen Fesseln zu befreien und über die Hintertreppe zu flüchten. Als er sein Wohnhaus erreicht, stürmen Gladows Helfer gerade mit der gefundenen Geldkassette heraus. Broscheits lautes Geschrei alarmiert einige Nachbarn, die neugierig auf der Straße erscheinen. Damit keiner sie verfolgt, feuert Sohni einige Schüsse ab, worauf die Nachbarn eilig in ihren Hausfluren verschwinden. Die Beute, die Sohni wenig später an Werner Gladow abliefert, beträgt immerhin achttausend Mark.

Motiviert durch die Ausbeute der vergangenen Monate, treibt Werner Gladow seine Bande zu immer neuen Verbrechen an. In allen Bezirken Berlins treiben sie ihr Unwesen und wechseln nach der Tat blitzschnell die Sektorengrenzen, die die Stadt teilen. Von großem Vorteil für die Bande ist, daß der Polizeiapparat in eine

West- und Ostpolizei gespalten ist, die nur äußerst selten Informationen oder Erkenntnisse miteinander austauschen. Bei Fahndungen oder Verfolgung von Straftätern ist für die Beamten an der Sektorengrenze Schluß, ein Zustand, der von vielen Verbrechern dieser Zeit kenntnisreich genutzt wird.

Am späten Abend des 27. Februar 1949 fährt Werner Gladow mit vier anderen Komplizen nach Dahlem in die Schwendener Straße. Er hat einen Tip bekommen, daß in der Villa einer alleinstehenden älteren Dame einiges zu holen sei. Es stört Gladow nicht, daß in der Nachbarvilla der West-Berliner Polizeipräsident wohnt, dessen Grundstück rund um die Uhr von einem Polizisten bewacht wird. Um diesem aus dem Wege zu gehen, klettern sie von der Parallelstraße aus über eine Mauer, ohne daß der Wachpolizist davon etwas mitbekommt.

Mit einem Dietrich öffnen sie die Kellertür des Hauses. Sie überraschen die Bewohnerin in ihrem Schlafzimmer und schlagen sie, bevor sie einen Schrei ausstoßen kann, mit einem Gummiknüppel zusammen. Nachdem sie die knapp sechzigjährige Frau an ihr Bett gefesselt haben, plündern die Eindringlinge die Villa. Sie erbeuten Geld, Schmuck, mehrere Pelzmäntel, vier Goldbarren sowie einige Ballen feinsten englischen Anzugstoffs, der in dieser Zeit auf dem Schwarzmarkt Höchstpreise einbringt und daher von Hehlern gern übernommen wird.

Zwei Monate später hat es die Bande auf die Auslagen eines Juweliergeschäfts an der Straße Am Friedrichshain abgesehen. Der Tip kam diesmal von Gustav Völpel, der in Unterweltkreisen »Henkerhannes« genannt wird, da er zwischen 1946 und 1948 als Scharfrichter in Berlin tätig war. In seltener Eintracht hatten sich die vier alliierten Besatzungsmächte auf einen Scharfrichter für die Stadt geeinigt. Gustav Völpel führte in seiner Amtszeit achtundvierzig Hinrichtungen durch, einige mit dem Handbeil, andere mit der Guillotine im berüchtigten Zellengefängnis in der Lehrter Straße in Moabit.

Was seine Arbeitgeber nicht ahnten: Völpel war selbst Krimineller und als Hehler und Tipgeber in Verbrecherkreisen stadtbekannt. Gladow lernte Völpel 1948 in der *Münzklause* am Alex kennen und kaufte von ihm seither so manchen Tip. Außerdem übernahm er als

Hehler viele der von der Gladow-Bande geraubten Waren. Später wurde Völpel bei einem Raubüberfall in Neukölln gefaßt und im Westsektor zu sieben Jahren Zuchthaus verurteilt.

Um die Mittagsstunde des 9. April 1949 erreicht Werner Gladow mit zwei Komplizen den von Völpel genannten Juwelierladen Wokkenfuß. Gladow stellt sein Fahrrad neben dem Laden ab, während seine beiden Helfer sich etwas weiter entfernt, links und rechts des Geschäfts, postieren, um Gladows Rückzug decken zu können. Dieser wirft mit einem Ziegelstein die Schaufensterscheibe ein und rafft in aller Eile den Inhalt der Auslage zusammen. Als er mit seinem Fahrrad flüchten will, wird er von zwei Angestellten des Juweliers verfolgt und von einem am Ärmel festgehalten. Ohne zu zögern, reißt Gladow seine Pistole heraus und schießt ihn nieder. Inzwischen hat auch der zweite Verfolger Gladow erreicht und versucht ihn festzuhalten. Gladow feuert erneut zwei Schüsse ab, die beide den Verfolger treffen und setzt die Flucht mit dem Fahrrad fort.

Die Beute bei diesem fast gescheiterten Raubüberfall besteht aus einer goldenen Stoppuhr und einer weniger wertvollen Taschenuhr. Der Angestellte Bruno Schneider erliegt am nächsten Tag im Krankenhaus seinen Schußverletzungen, sein Kollege überlebt und wird nach einem langen Krankenhausaufenthalt als Krüppel entlassen.

Werner Gladow ist unzufrieden. Trotz der vielen Raubzüge in den vergangenen Monaten, manchmal fünf pro Woche, ist er noch immer nicht an das ganz große Geld herangekommen. Das soll sich aber nun ändern mit einem großen, gut geplanten Überfall auf die Hauptkasse der *Gasag* in der Schicklerstraße, nah dem Alexanderplatz. Alles ist für den großen Coup ausbaldowert. Was noch fehlt, ist ein großer, viertüriger Wagen als Fluchtfahrzeug.

Am nächsten Tag, wir schreiben den 11. Mai 1949, ist Werner Gladow mit zwei Komplizen unterwegs, um ein geeignetes Auto zu stehlen. Vor dem Café *Kranzler*, an der belebten Straßenkreuzung Unter den Linden/Charlottenstraße, steht ein großer viertüriger BMW, das Dienstauto des Vorsitzenden der Deutschen Wirtschaftskommission. Am Steuer sitzt der Chauffeur, der vierundvierzigjährige Eduard Alte. Während er auf seinen Chef wartet, werden plötzlich die Wagentüren aufgerissen und drei Männer drängen in das Fahrzeug. Der Anführer hält ihm eine Pistole an den Kopf und versucht ihn vom Fahrersitz auf die Straße zu stoßen. Als Alte sich widersetzt und um Hilfe ruft, wird er sofort niedergeschossen. Die Täter können ungehindert mit dem BMW verschwinden. Der auf dem Straßenpflaster liegende Chauffeur wird in einem von Passanten herbeigerufenen Krankenwagen abtransportiert. Eduard Alte ist allerdings nicht mehr zu retten, er verblutet auf dem Weg ins Krankenhaus.

Presse und Rundfunk haben sofort die Beschreibung des Fahrzeugs verbreitet, was dazu führte, daß der BMW am nächsten Tag in der Nähe von Müggelheim aufgefunden wurde. Die Art und Weise des Vorgehens macht die Polizei sicher, daß es sich bei den Tätern um Mitglieder der Bande handeln muß, die in Berlin seit einigen Monaten ihr Unwesen treibt. Für Hinweise, die zur Ergreifung der Täter führen, setzt die Polizei eine Belohnung von 3000 Mark aus.

Viele Hinweise gehen daraufhin ein, darunter auch konkrete Angaben aus Verbrecherkreisen, die sich gerne die komfortable Belohnung verdienen wollen. Mehrere Hinweise deuten auf einen Jugendlichen, der unter dem Spitznamen »Doktorchen« Anführer der gesuchten Bande sein soll. Er soll in der Schreinerstraße wohnen, mit Vornamen Werner heißen, und früher einmal als Kipper auf dem Schwarzmarkt am Alex tätig gewesen sein.

Am Vormittag des 3. Juni 1949 klopft es an der Tür der Gladowschen Wohnung in der Schreinerstraße 52 in Friedrichshain. Vater Ernst Gladow öffnet und steht einem Mann gegenüber, der mit der Begründung, daß er vom Arbeitsamt komme und seinen Sohn Werner sprechen möchte, die Wohnung betritt. Bevor der überraschte Vater die Tür wieder schließen kann, stürmen drei Polizisten, die seitlich der Eingangstür postiert waren, in die Wohnung.

Lucie Gladow, die den Vorfall von der Küche aus beobachtet hatte, warnt durch Zuruf ihren Sohn, der sich im Wohnzimmer einschließt. Als die Beamten die Zimmertür aufbrechen, nimmt sie der junge Gladow mit zwei Pistolen, die er beidhändig benutzt, unter Beschuß. Getroffen von einem Lungensteckschuß, bricht einer der Polizisten zusammen, und auch Gladows Vater, der sich noch immer im Flur aufhält, wird durch einen Querschläger verletzt.

Werner Gladow zieht sich nun in das Balkonzimmer der Wohnung zurück, wo er seine Waffen nachlädt, bevor er durch einen Türspalt erneut das Feuer auf die Polizisten eröffnet, die sich im Nebenzimmer hinter Möbeln verschanzt haben. Ein weiterer Polizist erhält in dieser Auseinandersetzung einen Steckschuß in den Oberschenkel.

Als von der Straße her Sirenengeheul Polizeiverstärkung ankündigt, tritt Gladow auf den Balkon, von wo er das anrückende Schnellkommando unter Beschuß nimmt. Seine Mutter assistiert ihm dabei, indem sie ihm vom Nachbarfenster aus zuruft, auf welche Ziele ihr Sohn schießen soll. Von der Straße aus verfolgen nahezu zweitausend Schaulustige, durch Schüsse und Polizeisirenen angelockt, das Geschehen.

Fast eine Stunde dauerte das Feuergefecht schon zwischen dem achtzehnjährigen Gangsterboß und der Polizei, in dessen Verlauf Werner Gladow mehrfach getroffen wurde. Als ein Polizist unbemerkt vom Nachbarbalkon einen gezielten Schuß abgeben kann, ist die Auseinandersetzung beendet. Die in die Wohnung stürmenden Polizisten finden Gladow schwerverletzt auf dem Wohnzimmerboden, nah der Balkontür.

Bei der Durchsuchung der Wohnung findet die Polizei noch weitere Pistolen, darunter auch die Tatwaffe, die Gladow beim Mord an Eduard Alte benutzt hatte, sowie gewaltige Vorräte an Munition.

Am 21. März 1950 beginnt vor dem Ost-Berliner Schwurgericht der Prozeß gegen Werner Gladow und zehn seiner wichtigsten Bandenmitglieder. Auch Mutter Lucie muß auf der Anklagebank Platz nehmen. Wegen des Besucherandranges tagt das Gericht im großen Saal der Reichsbahndirektion in der Elsässer Straße. Die umfangreiche Anklageschrift befaßt sich nur mit den schweren und allerschwersten der 127 aktenkundigen Verbrechen, darunter zwei Morde, fünfzehn Mordversuche, neunzehn schwere Raubüberfälle und zehn schwere Diebstähle. Für die übrigen Straftaten, an denen noch fast siebzig Bandenmitglieder und Helfer beteiligt waren, ist das Verfahren abgetrennt worden.

Zu dem größten Berliner Nachkriegsprozeß sind einundsiebzig Zeugen und drei Sachverständige geladen, die in insgesamt zehn Verhandlungstagen zu Wort kommen. Gladow zeigt während der gesamten Verhandlung keine Reue. Der Gerichtspsychiater bezeichnet den Hauptangeklagten als »Amokläufer von Schwerverbrechen zu Schwerverbrechen« und spricht von »ungezügelter Hemmungslosigkeit«. Am 8. April 1950 ist der Tag der mit Spannung erwarteten Urteilsverkündung durch den Vorsitzenden des Schwurgerichtes, Landgerichtsdirektor Dr. Krüger. Werner Gladow und die Mitangeklagten Rogasch und Gäbler, die am Überfall auf den Chauffeur Eduard Alte beteiligt waren, werden zum Tode verurteilt, ein weiteres Bandenmitglied zu lebenslanger Haft. Die anderen Angeklagten erhalten Zuchthausstrafen zwischen fünf und fünfzehn Jahren. Lucie Gladow ist die einzige, die an diesem Tag aus Mangel an Beweisen freigesprochen wird.

Das gegen den zum Zeitpunkt der Morde erst achtzehnjährigen Werner Gladow verhängte Todesurteil beruht auf dem in der Nazizeit eingeführten Paragraphen 20 des Jugendgesetzes. Er läßt, falls es das »gesunde Volksempfinden« wegen der Schwere der Tat erfordere, auch für Jugendliche die Todesstrafe zu.

Der Kalte Krieg der fünfziger Jahre machte auch vor dem Gericht nicht halt. Mehrfach wurde während der Verhandlungen darauf verwiesen, daß die Amerikanisierung der Jugend durch brutale Gangsterfilme und gewaltverherrlichende Kriminalromane mit zu diesen Verbrechen der Gladow-Bande beigetragen habe. In dem 1953 in Ost-Berlin veröffentlichten Buch von Joachim Dittrich »Mit Cobra und Ulla durch die Berliner Gerichtssäle« wird diese Stimmung drastisch deutlich: »Seit 1947 hat diese ›Erziehungsmethode‹ der amerikanischen Gangsterpresse ihren Einzug in Westdeutschland und Westberlin gehalten und soll dazu beitragen, die Jugend – das zukünftige Kanonenfutter – getreu der ›amerikanischen Lebensweise zu erziehen‹. Seitdem hat die Jugendkriminalität im Westen Deutschlands noch nie dagewesene Ausmaße erreicht. Drei Todesurteile wären unausgesprochen geblieben, wenn nicht der Faschismus, der Hitlerkrieg und die Walze der amerikanischen Gangsterfilme über unsere Jugend hinweggegangen wären, furchtbaren Schaden anrichteten und auch heute ihre Entwicklung verderblich beeinflussen.«

DAS MILLIONEN-DING IM OSTEN
Der Schränker Walter Pannewitz

Die Vorgeschichte zu einem der aufsehenerregendsten Tresorein-brüche der Berliner Nachkriegszeit begann im Jahr 1946, ein Jahr nach Kriegsende. Das Leben in der zerstörten Stadt war schwierig geworden, es mangelte an Arbeitsplätzen, es gab zuwenig Wohnun-gen und die Versorgung mit den notwendigsten Dingen war noch immer nicht gewährleistet. Das einzige, was in dieser Zeit perfekt funktionierte, waren die Schwarzmärkte, auf denen alles zu bekom-men war, was in den Geschäften fehlte. Voraussetzung war aller-dings, daß man etwas Brauchbares besaß, das zum Tausch angebo-ten werden konnte. Geld hatte seinen Wert verloren und war durch eine Zigarettenwährung ersetzt worden. Zu dieser Zeit ging es fast allen Bewohnern Berlins gleich schlecht, wenn man von einigen wenigen Kriegsgewinnlern einmal absieht. Jeder mußte sein Leben neu organisieren, immer in der Hoffnung auf eine bessere Zukunft. Auch ehemals erfolgreiche Gauner waren von der Krise betroffen und mußten nun einen Neuanfang planen.

So trafen sich in diesen schweren Tagen vier Männer und eine Frau in einer Sommerlaube in der Kleingartenkolonie Reinicken-dorf-West. Alle Anwesenden waren vor dem Krieg Mitglieder im Sparverein Chicago gewesen, einer Vereinigung von erfolgreichen Geldschrankknackern, auf deren Konto viele erfolgreiche Tresor-einbrüche gingen.

Der 1920 gegründete Verein bestand ursprünglich aus neun Mit-gliedern, drei von ihnen waren im Krieg an der Ostfront gefallen, einer befand sich noch immer in russischer Gefangenschaft und einer weiterer mußte in einem Brandenburger Gefängnis noch eini-ge Jahre absitzen.

Kopf der alten Chicago-Clique war Max Mikulla, der schon da-mals in Fachkreisen als Nestor der Berliner Geldschrankknacker galt. Er war mit seinen fünfundsechzig Jahren noch immer ein Kerl wie ein Baum. Groß und kräftig gebaut, flößte seine Erscheinung trotz seiner zurückhaltenden Art jedem Respekt ein. In Kattowitz geboren und im Weddinger Kiez aufgewachsen, begann sein krimi-neller Werdegang schon im vergangenen Jahrhundert, wo er als

Siebzehnjähriger, nach einem Schaufenstereinbruch, erstmals eine Strafe im Jugendgefängnis absitzen mußte.

Nach seiner Entlassung kehrte er nicht zu den Eltern zurück, sondern trampte mit einem ehemaligen Zellengenossen durch Holland, Frankreich und Italien. In Genua heuerte er als Hilfsmatrose auf einem Frachter an, um seinen Jugendtraum zu verwirklichen und das Land der »unbegrenzten Möglichkeiten« kennenzulernen.

In New York angekommen, verschwand er vom Schiff und ging nach Chicago, wo er sich anfangs als Hilfsarbeiter durchschlug, bis es ihm gelang, Kontakte zur Chicagoer Unterwelt zu knüpfen. Dort lernte er alle Kniffe, die ein erfolgreicher Einbrecher benötigt. 1910, nach neunjährigem Aufenthalt, schoben ihn die amerikanischen Einwanderungsbehörden als unerwünschten Ausländer ab. Mikulla kehrte nach Deutschland zurück. Mit seinem in Amerika erworbenen Kapital eröffnete er in der Müllerstraße ein Zigarrengeschäft und mietete wenig später noch einen ehemaligen Tanzsaal dazu, in dem er einen Stummfilm-Kinematographen aufstellte. Obwohl er nun über ein gesichertes Einkommen verfügte, wollte er trotzdem seine anderen Begabungen nicht brachliegen lassen und gründete den Sparverein Chicago.

Seit Fliegerbomben auch seine Wohnung in Prenzlauer Berg zerstört hatten, lebte er mit seiner fast zwanzig Jahre jüngeren Frau Gerti in dieser kleinen Reinickendorfer Laube. Mit seiner Gesundheit stand es seit einiger Zeit nicht mehr zum Besten; rheumatische Beschwerden machten jede Bewegung zur Qual.

Gerti Mikulla (eigentlich hieß sie mit vollem Vornamen Gertrut) verwaltete damals die Einnamen des Sparvereins und war auch sonst an vielen Unternehmungen beteiligt. Sie ließ sich gut im Vorfeld eines Einbruchs als Beobachterin einsetzen und stand häufig nah dem Tatort Schmiere, getarnt als leichtes Mädchen.

Die drei anderen am Tisch waren Mikullas ehemalige Schüler, die von ihm manches gelernt hatten, u.a., wie man an das Innere eines Tresors mit Hilfe eines Schneidbrenners herankam.

Walter Pannewitz absolvierte im Anschluß an die Schule eine Schneiderlehre. Nach einigen Einbrüchen, die ihn erstmals ins Gefängnis brachten, gelangte er durch einen Mitgefangenen zum Sparverein Chicago. Unter Mikullas fachkundiger Anleitung entwickelte er sich zu einem exzellenten Schränker und Mikullas rechter Hand. Was Pannewitz zusätzlich auszeichnete, war sein Organisationstalent, das er bei der Planung und Vorbereitung zahlreicher Einbrüche in der Vergangenheit vielfach unter Beweis gestellt hatte. Jedes kleinste Detail wurde geplant, nichts dem Zufall überlassen.

Zweimal wurde er trotzdem von der Kripo geschnappt, in beiden Fällen aber nur, weil Tatbeteiligte nach einem erfolgreichen Bruch sich nicht an die vereinbarten Absprachen hielten, sich dilettantisch mit ihren Erfolgen brüsteten oder zu auffällig mit dem frisch erbeuteten Geld um sich schmissen.

Karl Schwanitz war ein alter Freund Walters. Beide waren gleichaltrig und hatten schon als Jugendliche gemeinsam kleinere Einbrüche verübt, die Pannewitz zuvor ausbaldowert hatte. Karl gehörte nicht zu denen, die die großen Ideen mitbrachten. Er war ein ausgezeichneter Handwerker, der genauestens das ausführte, was man von ihm erwartete. Er war von Gründung an Mitglied im Verein und an fast allen Einbrüchen der Bande beteiligt. Neben seinen soliden handwerklichen Fähigkeiten galt er als absolut verschwiegen und zuverlässig. Schwanitz zog beim Gehen leicht das linke Bein nach, ein Andenken an eine Schießerei am Schlesischen Bahnhof, wo er von einer Kugel in die linke Wade getroffen wurde. Trotz dieses Handikaps war Karl immer noch sehr beweglich und konnte sogar wegrennen, wenn es erforderlich war.

Auch Erich Markgraf war bei den meisten Unternehmungen der Bande aktiv beteiligt. Zwischenzeitlich mußte er allerdings pausieren, da eine enttäuschte Freundin ihn bei der Kripo verpfiffen hatte und er danach zu einer zweijährigen Gefängnisstrafe verurteilt worden war. Erich wirkte wie ein Mann von Welt. Seine guten Umgangsformen sowie die stets gepflegte äußere Erscheinung ließen einen Außenstehenden vermuten, es hier mit einem erfolgreichen Geschäftsmann und nicht mit einem gewievten Ganoven zu tun zu haben. Markgraf verfügte über ausgezeichnete Kontakte und konnte alles, was der Verein benötigte, innerhalb kürzester Zeit besorgen – ob einen Lastwagen, ein Schweißgerät oder ein Versteck. Erich wußte sofort wo und wie man dazu kommen konnte.

An diesem Abend ging es den Anwesenden darum, den alten Verein wieder aufleben zu lassen. Allerdings nicht mehr unter dem

Namen Chicago, da dieser der Polizei schon zu bekannt war. Gemeinsam suchten sie einen neuen Namen und kamen nach einigen Vorschlägen auf Sparverein Kolonie-West, da sie die Gründungsidee in der Kleingartenkolonie Reinickendorf-West hatten. Das Wort Reinickendorf ließen sie sicherheitshalber weg. Die Polizei sollte es ja nicht zu leicht haben, ihren geheimen Treffpunkt zu entdecken. Damit der Verein auch seinen Zweck erfüllen konnte, fehlte ihnen nur noch ein prall gefüllter Tresor. Pannewitz hatte sich darüber offensichtlich schon zuvor Gedanken gemacht, denn er präsentierte sofort einen vielversprechenden Vorschlag.

Der Tresor, von dem er den Freunden berichtete, befand sich im Keller der Verkehrskasse der Deutschen Reichsbahn, einem langgestreckten, fünfstöckigem Eckgebäude an der Kreuzung der Straße Unter den Linden mit der Charlottenstraße. Als der Tresor 1938 in den Keller eingebaut wurde, befand sich Pannewitz unter den Schaulustigen, die die Anlieferung und Einbau des gewaltigen Geldschranks beobachteten. Dieser war so groß, daß zuvor einige Zwischenwände und sogar ein Stück der Außenfassade vorübergehend entfernt werden mußten.

Der doppeltürige Tresor, ein altbewährtes englisches Modell aus Manchester, war ungefähr drei Meter breit, zwei Meter fünfzig tief und zwei Meter hoch. Nach dem Einbau wurden die Decke und die Wände des Tresorraums aus neunzig Zentimeter dickem, mit Stahl armierten Eisenbeton gegossen. In dem Geldschrank befand sich zu jeder Zeit viel Geld, da die gesamten laufenden Einnahmen der Fern- und S-Bahn dort aufbewahrt wurden.

Obwohl die anderen sehr skeptisch waren, ob dieser Bruch nicht einige Nummern zu groß für sie sei, ließ sich Pannewitz nicht von seinem Vorschlag abbringen. Er war der Meinung, dieser Tresor wäre zu knacken, wenn es gelingen könnte, Zugang zu den Kellerräumen zu bekommen, um von dort über einen längeren Zeitraum ungestört zu arbeiten. Man einigte sich darauf, daß Walter und Karl sich das Gebäude der Reichsbahnkasse am nächsten Tag genauer anschauen sollten. Auch wenn sich dieses eine Vorhaben als unrealistisch herausstellen sollte, so hatte man doch wieder eine Perspektive auf eine gemeinsame Zukunft – und das war ja immerhin etwas in schwierigen Zeiten.

Wie am Tag zuvor vereinbart, trafen sich Pannewitz und Schwanitz um die Mittagszeit am Bahnhof Friedrichstraße. Schon von der Georgenstraße war der fünfstöckige Bau der Verkehrskasse zu erkennen, der anders als die angrenzenden Häuser den Krieg fast unbeschadet überstanden hatte. Nach wenigen Minuten hatten sie ihr Ziel, die Kreuzung Unter den Linden, erreicht. Von unzähligen Einschußlöchern abgesehen, wirkte die prachtvolle Außenfassade noch sehr gut erhalten. Im Erdgeschoß befand sich der große Schalterraum der Verkehrskasse, der durch den Haupteingang von der Charlottenstraße aus betreten werden konnte. Sieben große Schaufenster, fünf davon zur Charlottenstraße gelegen, ließen das Tageslicht in den Schalterraum fluten. Zur Straße Unter den Linden erstreckten sich zwei gewaltige Säulen an der Fassade empor bis zum vierten Stock, wo zwei überlebensgroße männliche Statuen den Abschluß bildeten. Zur Charlottenstraße hin hatte eine Bombe das Dach durchschlagen und den oberen Teil des Mittelbaus zerstört. Sie stellten fest, daß nur das Erdgeschoß und die darüberliegende Etage von der Reichsbahn genutzt wurden, während die oberen Stockwerke an andere Firmen vermietet waren. Zur Straßenseite gab es keine Kellerfenster. Wenn überhaupt, dann mußten sich diese auf der Hofseite befinden.

Der Reichsbahnbau erstreckte sich bis zur Mittelstraße, wo von dem einst angrenzenden Gebäude nur noch die alte Toreinfahrt erhalten war. Durch die Einfahrt gelangten sie auf den Hof, wo die Überreste der Kriegsruine schon weitgehend abgetragen waren. Nur ein großer Trümmerhaufen zeugte noch von dem einstigen Bürogebäude.

Sie erreichten ohne Schwierigkeiten die Rückseite der Reichsbahnkasse, wo sich auch der Hintereingang des Gebäudes befand. Konnte man über den Haupteingang nur den Schalterraum betreten, so führte der hintere Zugang in ein großzügiges Treppenhaus, von dem aus die höher gelegenen Büroetagen zu erreichen waren. Neben der Eingangstür verwies ein Schild auf eine Hausmeisterwohnung in der ersten Etage. Die beiden schauten nach oben und sahen im ersten Stock zwei Fenster mit kleinen Blumenkästen davor, offensichtlich die Wohnung des Hausmeisters, denn alle anderen Räume sahen wie Büros aus.

Pannewitz bückte sich, tat so als ob er sich seinen Schuh zuschnürte und schaute sich dabei sehr gründlich ein vergittertes Kellerfenster an. Anschließend betraten sie das Treppenhaus, um sich auch dort etwas umzusehen. Gleich links hinter der Eingangstür befand sich eine kleine Pförtnerloge, die im Moment aber verwaist schien. Ein kleines Pappschild an der Glasscheibe verkündete: »Komme gleich wieder, bitte warten«. Pannewitz inspizierte das Treppenhaus, während Schwanitz bei der Tür blieb, um rechtzeitig zu warnen, falls sich jemand vom Hof her näherte. Nach wenigen Minuten verließen sie ungesehen das Gebäude und machten sich auf den Weg zurück zum Bahnhof Friedrichstraße.

Am Abend traf man sich wieder bei Mikulla, um über die Ortsbesichtigung zu sprechen. Pannewitz skizzierte einen Lageplan und ließ bei seinem Bericht auch nicht die geringste Kleinigkeit aus. Er stellte fest, daß es von der Straßenseite keinerlei Möglichkeit gab, in den Keller einzudringen. Vom Hof her wäre es schon eher möglich, allerdings war die Gefahr, entdeckt zu werden, groß, da der Hausmeister von seinen Fenstern die gesamte Hoffläche überblikken könnte. Wenn sich alle Arbeiten in einer Nacht durchführen ließen, wäre das Risiko kalkulierbar. Um aber den stark gesicherten Tresor zu knacken, müßten sie mehrfach, wenn nicht sogar über Monate hinweg, ungesehen in den Keller gelangen und das hielten alle anwesenden Fachleute für unmöglich.

Erich Markgraf, der bis dahin geschwiegen und aufmerksam dem Bericht gelauscht hatte, überraschte die Freunde nun mit einer Möglichkeit, an die bisher noch keiner gedacht hatte. Er hatte die Idee, daß man doch versuchen könnte, in dem Gebäude ein Büro zu mieten, um so über einen unbegrenzten Zeitraum legale Zutrittsmöglichkeit zu haben. Alle waren nun hellhörig geworden und jedem war klar: das könnte die Lösung ihres Problems sein. Es wäre dann sogar möglich, weitere Personen, als Kunden getarnt, einzuschleusen. Wenn zu diesem angemieteten Büro sogar ein Keller gehören würde, so hätten sie auch dazu Zugang und wären auf diese Weise schon räumlich sehr nah am Ziel ihrer Wünsche.

Bevor die Stimmung der Anwesenden zu euphorisch wurde, schaltete sich Pannewitz wieder in das Gespräch ein. Er gab zu bedenken, daß die Idee sich zwar sehr gut anhöre, einiges aber doch noch sehr unausgegoren war. Dazu gehörte die Frage, ob überhaupt noch Büroräume in dem Gebäude unvermietet waren. Außerdem müßte in diesem Fall zur Tarnung eine Firma gegründet werden, für die sie eine Gewerbeerlaubnis benötigten, die aber so ohne weiteres keiner von ihnen erhalten würde, da alle bereits vorbestraft waren. Auch die Anfangskosten seien erheblich, da neben der monatlichen Miete vermutlich auch eine Kaution als Sicherheit erforderlich wäre.

Pannewitz hatte mit seinen wenigen Sätzen die Situation ernüchternd auf den Punkt gebracht. Nur Erich Markgraf war der Meinung, daß man in diesem Fall nicht zu leicht aufgeben sollte. Er machte den Vorschlag, die Idee nicht aus den Augen zu verlieren und parallel dazu das Geldproblem zu lösen. Er selbst war seit einigen Monaten im illegalen Benzinhandel tätig und verdiente ganz ordentlich damit, daß er von englischen Soldaten, die heimlich ganze Tankwagenladungen verschoben, den Sprit kaufte, um ihn anschließend mit großem Gewinn weiterzuverkaufen.

Erich bot Walter an, in den Benzinhandel mit einzusteigen, und riet Karl Schwanitz, mit Schrott sein Glück zu versuchen, da für Buntmetall aus den Ruinen ganz ordentliche Preise gezahlt wurden. Außerdem blieb auch noch die Möglichkeit, einige kleinere Einbrüche zu machen, um an das benötigte Startkapital zu kommen. Parallel dazu könnte die Frage eines zu mietenden Büros und einer zu gründenden Firma geklärt werden.

In den nächsten Wochen waren Pannewitz und Markgraf viel unterwegs; der Schwarzhandel mit den Engländern hatte sich gut entwickelt. Zweimal wöchentlich fuhr nachts ein englischer Militärlastwagen mit abgeblendeten Scheinwerfern zu einer Waldlichtung im Spandauer Forst, wo Pannewitz am Steuer eines von Markgraf organisierten Transporters schon wartete. In weniger als einer halben Stunde wechselten an die dreißig Blechfässer, gefüllt mit Benzin, von der Ladefläche des Militärfahrzeuges unter die Plane des etwas kleineren Transporters. Sofort nach der Umladeaktion fuhr Pannewitz in den amerikanischen Sektor nach Tempelhof, um das Benzin dort bei einer Tankstelle abzuliefern, die ohne illegale Lieferungen keinen einzigen Tropfen hätte verkaufen können, denn offiziell war weder Benzin noch Öl zu erhalten. Dieses

Geschäft warf kräftige Gewinne ab, die er mit Markgraf teilte. Ungefähr ein Drittel des so verdienten Geldes wanderte in die Kasse des Sparvereins: Geld für den großen Plan! Auch die anderen Mitglieder taten alles, um das geplante Unternehmen zu fördern. Gerti Mikulla übernahm die Kassenführung des Vereins und war in dieser Aufgabe absolut zuverlässig. Ihr Mann, der wegen seines Gesundheitszustandes vorsichtig sein mußte, hatte in einem Schuppenanbau eine kleine Werkstatt eingerichtet, in der er alte Werkzeuge überholte, andere aber auch selbst herstellte. Die Not der Zeit und die Tatsache, daß man fast nichts kaufen konnte, brachten ihm eine ganze Menge Kunden. Seine Haupteinnahmequelle war aber die Herstellung von Einbruchswerkzeugen sowie die Anfertigung auch von kompliziertesten Nachschlüsseln, denn Mikulla war in der ganzen Branche bekannt und geschätzt für seine »goldenen Händchen«, mit denen er fast alle Tresore öffnen konnte.

Auch Karl Schwanitz war nicht untätig geblieben und verdiente als Buntmetall-Großhändler sehr gut. Er kaufte von unzähligen Schrottsammlern im Ostteil der Stadt das Buntmetall auf und verkaufte es anschließend im Westen, wo man bereit war, einiges mehr dafür zu bezahlen. Sein Handel lief bald so gut, daß er sich einen alten Lastwagen zulegen konnte, mit dem er seinen Schrott auf unauffälligen Wegen über die Sektorengrenzen schaffte. Der Transport zwischen den drei Westsektoren war relativ unproblematisch, gefährlicher war die Fahrt, wenn die Demarkationslinie zum sowjetischen Sektor oder in die sowjetisch besetzte Zone passiert werden mußte. Diese Grenzen wurden in den letzten Wochen von der neu gegründeten Volkspolizei stärker kontrolliert als bisher, so daß jeder Transport ein größeres Risiko in sich barg. An zwei Abenden in der Woche stellte er sein Fahrzeug Pannewitz und Markgraf für ihren illegalen Benzinhandel zur Verfügung, die ihn als Gegenleistung mit dem nötigen Sprit versorgten.

Einmal in der Woche versammelten sie sich bei Mikulla in Reinickendorf, wo der Tresor der Reichsbahnkasse jedesmal das Hauptthema war. Die Vereinskasse war inzwischen gut gefüllt, da jeder einen Teil seiner Einnahmen an Gerti abführte, die korrekt über jeden Pfennig Buch führte. Alle waren der Meinung, daß es sowieso besser sei, mit dem dicken Geldschrank noch etwas zu warten, da sich in letzter Zeit die Gerüchte über eine baldige Währungsreform verdichteten.

Bei einem dieser Treffen berichtete Markgraf, daß er neulich Heinrich Müller, einen alten Freund aus der Zeit vor dem Krieg, wiedergetroffen hätte. Dieser Müller handelte damals erfolgreich mit Immobilien. Auch wenn diese Geschäfte nicht immer ganz koscher waren, war es ihm bisher aber stets gelungen, vor Gericht eine saubere Weste zu behalten. Sie hatten gemeinsam an diesem Abend einige Biere getrunken und über die guten alten Zeiten gesprochen. Müller hatte dabei erwähnt, daß er sich, sobald es ihm finanziell etwas besser ginge, erneut mit einer Immobilienfirma selbstständig machen wolle. Markgraf hatte ihn daraufhin gefragt, ob er an einem Geschäftspartner mit Kapital interessiert sei, worauf dieser antwortete, daß er sich das sehr gut vorstellen könnte.

Allen war sofort klar, daß das der Weg zu einer eigenen Firma sein könnte, zumal Heinrich Müller ohne Vorstrafen war und in der Immobilienbranche Erfahrungen hatte. Nur Pannewitz blieb skeptisch und schlug vor, daß Markgraf nochmals mit ihm sprechen sollte, um ihm dabei klar zu machen, daß der Hauptzweck der gemeinsamen Firma ein anderer wäre. Bei dieser Gelegenheit sollte Erich noch nichts von der Reichsbahnkasse erwähnen. Wenn Müller nach diesem Gespräch weiterhin interessiert sei, sollte Markgraf ihn zum nächsten Treffen mitbringen.

Wie vereinbart erschien Erich eine Woche später mit Heinrich Müller in Reinickendorf. Müller, um die dreißig Jahre alt, wirkte äußerlich sehr gepflegt. Er trug einen gestreiften dunklen Anzug mit Weste, darunter ein blütenweißes Hemd und eine elegant gebundene Krawatte. Nachdem man sich gegenseitig etwas beschnuppert hatte, berichtete Markgraf, daß er mit Heinrich gesprochen habe und dieser daran interessiert wäre, gemeinsam eine Immobilienfirma zu eröffnen. Pannewitz wies Müller nochmals darauf hin, daß die Firma vermutlich nicht sehr lange existieren werde, da der Zweck des gesamten Unternehmens ein anderer sei, der aber mit Sicherheit mehr einbringen werde als der Handel mit Immobilien. Pannewitz erwähnte den geplanten Tresoreinbruch, sagte aber zu diesem Zeitpunkt nicht, wo er stattfinden sollte. Er stellte auch klar, daß das ganze Unternehmen nur zustande käme, wenn es gelingen sollte, in dem Gebäude in dem sich der Tresor befindet, Büroräume anzumieten. Bis zur endgültigen Klärung dieser Frage werde man aus Sicherheitsgründen über den Ort des Geschehens schweigen. Es wurde vereinbart, nach gelungenem Einbruch das Geld zu gleichen Teilen unter alle Beteiligten aufzuteilen. Müller bekundete seine Zustimmung. Ein erneutes Treffen wurde für zwei Wochen später vereinbart.

Erich Markgraf fuhr einige Tage später zum Gebäude der Reichsbahnkasse, wo er sich zuerst von außen die Bürofenster anschaute. An einigen Fenstern waren keine Gardinen angebracht; es sah zumindest so aus, als ob diese Räume unvermietet leerstanden. Danach sprach er mit dem Hausmeister, der sich diesmal in seiner engen Pförtnerloge aufhielt. Er fragte ihn nach freien Büroräumen im Hause und war angenehm überrascht, als dieser erklärte, daß im Moment noch drei Büros zur Verfügung ständen. Zwei Schachteln Zigaretten veranlaßten den älteren Mann, die Loge für einige Minuten zu verlassen, um Erich die Räumlichkeiten zu zeigen. Alle drei Büros bestanden jeweils aus zwei Räumen sowie einem Vorflur zum Empfang der Kunden und waren in einem halbwegs guten Zustand. Auf Markgrafs Frage nach Kellerräumen zum Lagern alter Geschäftsakten erklärte der Hausmeister, daß zwei Keller noch frei seien, die aber separat von den Büroräumen angemietet werden müßten. Markgraf erkundigte sich abschließend noch nach der Hausverwaltung, die für die Vermietung zuständig war. Als der Hausmeister ihm Adresse und Telefonnummer aufgeschrieben hatte, verabschiedete sich Markgraf hochzufrieden.

Nun mußte schnell gehandelt werden, bevor die Räume anderweitig vermietet würden. So beschloß man noch am gleichen Abend die Gründung der Firma unter dem Namen Zentralimmobilien GmbH, deren Geschäftsführer Heinrich Müller werden sollte. Die nächsten Schritte verliefen erstaunlich problemlos. Ein Notar kümmerte sich um die Eintragungsformalitäten, und auch mit der Hausverwaltung hatte man sich schnell auf die Anmietung der Büroräume und zwei nebeneinanderliegender Kellerräume einigen können. In den letzten Tagen des Jahres wurde der Mietvertrag unterzeichnet und am 2. Januar 1947 bezog die Zentralimmobilien

GmbH ihre Geschäftsräume im ersten Stock des Gebäudes, genau über dem Schalterraum der Reichsbahnkasse.

Die Büroeinrichtung wirkte noch etwas spartanisch, die frisch gedruckten Visitenkarten sowie das blütenweiße Briefpapier machten aber schon etwas her. Auch zwei weiße Emailleschilder, eines unten direkt neben dem Hauseingang, das andere an der Bürotür, wirkten ausgesprochen seriös. An der Wand gegenüber Müllers Schreibtisch standen zwei dicht mit Ordnern gefüllte Regale; bei genauerem Hinschauen konnte man allerdings feststellen, daß sie alle noch gänzlich leer waren. Aber sie erfüllten die Aufgabe, Büroatmosphäre zu verbreiten.

Gerti Mikulla wurde zur Sekretärin befördert, deren Arbeitsplatz sich im zweiten Büroraum befand. Pannewitz hatte ihr nahegelegt, den Kontakt zu den anderen Bürodamen im Hause zu pflegen, da man so unter Umständen an wichtige Informationen herankäme. Das einzige, was der frisch gegründeten Firma nun noch fehlte, waren Kunden. Aber man war ja erst am Anfang, und Müller, der für diesen Bereich zuständig war, hatte keinerlei Bedenken, daß auch diese irgendwann erscheinen würden.

Alle anderen Vereinsmitglieder gingen weiterhin ihren gewohnten Tätigkeiten nach, was auch wichtig war, um die Vereinskasse, die durch die Firmengründung fast vollständig geplündert war, wieder aufzufüllen. Es bestand nun auch kein Grund mehr zur Eile, da man dem begehrten Objekt schon ein ganzes Stück näher gekommen war.

Es sollten noch einige Monate vergehen, bis die Zeit reif schien, den entscheidenden Angriff auf den Tresor zu starten. Pannewitz war der Meinung, daß sie für die anstehenden Arbeiten noch einen weiteren Mann benötigten, da Max Mikulla nicht in der Lage war, körperlich schwere Arbeit zu leisten. Karl Schwanitz brachte daraufhin Karl Engelter, einen ehemaligen Maurerpolier, in die Gruppe, mit dem er in der Vergangenheit schon bei mehreren größeren Einbrüchen kooperiert hatte.

In der Zwischenzeit waren alle Vorbereitungen getroffen worden, um sich dem Tresor von unten zu nähern. Mikulla und Pannewitz hatten – in der Annahme, daß der Tresor von den Seiten und von oben durch die dicken Betonwände am stärksten gesichert war –

den Plan entwickelt, sich von ihrem Keller aus nach unten zu graben, um dann direkt unter dem Kellerboden einen Gang von vierzehn Metern Länge bis unter den Tresorraum zu schaufeln.

In der ersten Nacht, einem Samstag, stemmten sie so geräuscharm, wie es sich nur durchführen ließ, ein Einstiegsloch in den Kellerboden. Pannewitz übernahm als erster die Stemmarbeit, während Markgraf, Engelter und Schwanitz den anfallenden Schutt mit Eimern in den Nachbarraum trugen, um ihn dort zu deponieren. Die Arbeit ging gut voran und schon nach zwei Stunden war das Loch groß genug und der Schutt beseitigt. Unter dem Beton zeigte sich nun märkischer Sandboden, in dem es sich sehr leicht graben ließ. Sie beschlossen, vom Einstiegsloch aus den Gang direkt unter dem Betonboden auszuheben, was den Vorteil hatte, daß der Tunnel nach oben hin nicht abgestützt werden mußte. Als Problem könnte sich allerdings der weiche Sand erweisen, der immer wieder von den Seiten her in den Gang rutschte. Als die Nacht zu Ende ging, waren das Einstiegsloch und zwei Meter des Tunnelganges fertig.

In der darauffolgenden Nacht wollten sie an dem begonnenen Tunnel weitergraben und so schlichen sie kurz vor Mitternacht unbemerkt über den Hof, immer darauf bedacht nicht vom Hausmeister gesehen zu werden. Als sie den Einstieg freigelegt hatten, und mit ihren Karbidlampen in den Schacht leuchteten, erlebten sie eine böse Überraschung. Der Lichtschein der Lampen spiegelte sich in einer Wasserfläche, die sich über dem Boden des Tunnels gesammelt hatte. Pannewitz stocherte mit dem Spaten in der ungefähr zehn Zentimeter hoch stehenden trüben Brühe. Es war allen klar, daß sie auf diesem Wege nicht den Tresorraum erreichen würden.

Hatte sich anfangs das Immobiliengeschäft ganz gut angelassen, tat sich in letzter Zeit nur sehr wenig, was nicht daran lag, daß Heinrich Müller sein Geschäft nicht beherrschte, es lag vielmehr daran, daß der Wert des Geldes ins Bodenlose gesunken und somit niemand daran interessiert war, wertstabilen Grundbesitz zu veräußern.

Die politische Situation in Berlin hatte sich seit Kriegsende immer mehr verkrampft, und die Stadt drohte endgültig in Ost und West auseinanderzubrechen. Niemand von denen, die das Schicksal der Stadt in ihren Händen hielten, war offensichtlich daran interessiert, die drohende Spaltung aufzuhalten. Als dann am 23. Juli 1948 eine separate Währungsreform in den Westsektoren durchgeführt wurde, war der Bruch nicht mehr aufzuhalten. Der Osten zog nur wenig später mit eigenem neuen Geld nach und der Kalte Krieg hatte seinen ersten Höhepunkt erreicht.

Einige Tage nach dem mißglückten Tunnelversuch wurden Karl Schwanitz und Heinrich Müller im Büro der Zentralimmobilien GmbH von der Polizei wegen Buntmetalldiebstahl verhaftet. Da die Immobiliengeschäfte im Moment nichts einbrachten, war Müller bei Schwanitz in den Buntmetallhandel mit eingestiegen. Als sie mit dem beladenen Transporter die Sektorengrenze erreichten, wurde die Ladung von der Volkspolizei entdeckt, worauf Schwanitz Gas gab und noch im letzten Moment nach West-Berlin flüchtete. Die Vopos konnten allerdings das unbeleuchtete Nummernschild entziffern und griffen so am folgenden Tag zu.

Es gelang Pannewitz, der trotz der vielen Schwierigkeiten noch immer nach einem anderen Weg suchte, um in den Tresorraum zu gelangen, sich beim Katasteramt die Baupläne des gesamten Gebäudes abzuzeichnen. Zugang erhielt er durch eine Frau, die im Amt arbeitete und die Walter, wie sie zumindest annahm, zufällig in der Kantine kennengelernt hatte. In Wirklichkeit hatte er sich aber schon seit mehreren Wochen immer um die Mittagszeit dort aufgehalten, um eine zweckdienliche Damenbekanntschaft zu machen.

Die Baupläne zeigten, daß 1944 der Kriegsschäden wegen eine neue Mauer im Kassenraum der Reichsbahnkasse eingezogen wurde. Durch diesen Umbau war der Schalterraum etwas verkleinert worden, was aber kaum auffiel. Hinter der neu eingezogenen Wand war so ein kleiner fensterloser Raum übriggeblieben.

Was diesen Raum, der keinerlei Funktion mehr erfüllte, für Pannewitz interessant machte, war die Tatsache, daß er sich unmittelbar über dem Tresorraum befand und eine kleine Tür besaß, die direkt neben dem Hofeingang ins Freie führte. So oft er schon an dieser Tür in den vergangenen Monaten vorbeigekommen war, sie war ihm nie aufgefallen. Als er sie sich nun genauer anschaute, stellte er fest, daß sie nur mit einem einfachen Schloß gesichert war, also problemlos mit einem Dietrich geöffnet werden konnte. Am Samstagabend begab sich Pannewitz gemeinsam mit Gerti und

Erich in die Charlottenstraße. Sie hatten vorher abgesprochen, daß Markgraf und Gerti sich wie ein Liebespärchen im Hofeingang herumdrücken sollten, während Walter die Tür mit einem Dietrich öffnen und den Raum inspizieren sollte. Für den Fall einer unvermuteten Störung sollte Gerti, wie aus Versehen, mit ihrem Stöckelabsatz leicht gegen die Tür klopfen, um Walter zu warnen. Walter brauchte nur wenige Sekunden, um das simple Schloß zu öffnen. Der Raum, den er dann betrat, war wie ein schmales Handtuch: nur knapp zwei Meter breit und gut sechs Meter lang. Licht gab es im Inneren nicht, so daß Walter seine mitgebrachte Taschenlampe einschaltete. Alles stimmte mit der beim Katasteramt kopierten Zeichnung überein, was bedeutete, daß der Tresor sich direkt unter seinen Füßen befinden mußte. Dazwischen war allerdings eine neunzig Zentimeter dicke Betondecke. Er hatte genug gesehen.

Pannewitz schlug den anderen vor, jetzt nicht klein beizugeben, sondern noch einen zweiten Angriff auf den Tresor zu wagen, diesmal von oben. Ausgangspunkt sollte der von ihm erkundete Raum sein. Markgraf sollte dafür aus speziell gehärtetem Stahl Meißel besorgen, die die Arbeit erleichtern würden.

Max Mikullas Gesundheitszustand hatte sich seit einigen Wochen verschlechtert. Da die Ärzte keine baldige Genesung in Aussicht stellten, beschloß er, um den anderen nicht zur Last zu fallen, seinen Ausstieg aus dem gemeinsamen Vorhaben.

Nach Mikullas Entscheidung trafen sich alle zu einer Krisensitzung in Reinickendorf. Pannewitz eröffnete das Treffen mit einer düsteren Situationsbeschreibung. Er wies die anderen darauf hin, daß es ohne Mikulla, Schwanitz und Müller in Zukunft noch schwieriger werde, den Tresoreinbruch durchzuführen. Die Immobilienfirma lief nach der Verhaftung von Müller gar nicht mehr, trotzdem mußten die Kosten der Geschäftsräume weiterhin aus der Vereinskasse gezahlt werden, um den Zugang zum Gebäude nicht zu verlieren. Nun war die Kasse fast leer und alle die sie füllen sollten, hatten im Moment kein oder nur unregelmäßiges Einkommen.

Bei Markgraf und Pannewitz lief der Benzinschmuggel schon lange nicht mehr, und seit der Währungsreform waren die Schwarzmarktgeschäfte völlig zusammengebrochen, denn jeder konnte sich nun wieder (wenn er Geld hatte) alles kaufen.

Trotz der momentanen Schwierigkeiten wollten Pannewitz, Markgraf und Engelter nicht aufgeben, und auch Gerti Mikulla war noch zu allem bereit.

Walter kümmerte sich um zwei neue Einbruchsspezialisten, die Schwanitz und Müller ersetzen sollten, und fand sie in Wilhelm Kremmin und Walter Geiss, mit denen er früher schon mehrfach zusammengearbeitet hatte. Gemeinsam beschlossen sie, sich so bald wie möglich von dem kleinen Raum neben der Schalterhalle durch die dicke Betonschicht in den Tresorraum hindurchzustemmen. Allen war klar, daß diese Arbeit längere Zeit in Anspruch nehmen würde. Das größte Problem war, daß keine auffälligen Geräusche verursacht werden durften. Als Zeitpunkt für den Beginn der Arbeiten vereinbarten sie den letzten Tag des Jahres 1950. Am Silvesterabend mußte Gerti wieder gemeinsam mit Erich Markgraf das Liebespärchen spielen. Sie hatten vor allem darauf zu achten, daß keine verräterischen Laute nach außen drangen. Pannewitz, Engelter, Kremmin und Geiss begannen nun von dem kleinen Raum aus ein Loch in den Fußboden zu stemmen. Die Öffnung sollte gerade so groß werden, daß sich ein Mann hindurchzwängen konnte. Um die Geräusche zu reduzieren, hatten sie ihre Meißel am oberen Ende mit kleinen Lederkappen versehen. Eine weitere lärmhemmende Maßnahme war eine zeltähnliche Konstruktion aus Latten, die mit Decken und Matratzen zugedeckt war unter der gearbeitet wurde. Das war zwar sehr unangenehm, da es unter dieser Abdeckung sehr warm wurde und der beim Stemmen aufwirbelnde Staub das Atmen fast unerträglich machte, dämpfte die kräftigen Hammerschläge aber so, daß sie auf dem Hof nicht mehr zu hören waren.

Jeder arbeitete eine Viertelstunde, dann wurde gewechselt. Der Spezialbeton erwies sich als eisenhart und ließ die Meißel, obwohl sie aus extra gehärtetem Stahl hergestellt waren, innerhalb kürzester Zeit stumpf werden. Alle zwei Stunden mußten sie für einige Minuten ihre Arbeit unterbrechen, um den Wachmann abzuwarten, der regelmäßig mit seinem Fahrrad auf dem Hof erschien, wo er im Licht seiner Taschenlampe alle Türen kontrollierte und mit einem Schlüssel die Stechuhr neben dem Hauseingang bediente.

Gegen fünf Uhr am Morgen verließen die Nachtarbeiter den kleinen Raum mit nicht sehr glücklichen Gesichtern, da es ihnen in dieser Nacht nur gelungen war, einen knappen Zentimeter der Betonschicht abzuschlagen. Als sie wieder auf der Straße waren, sagte Karl Engelter:»Prost Neujahr, für mich ist Schluß, ich gebe auf«.

Nach Engelters Ausstieg war Walter klar, daß noch mindestens ein kräftiger Mann zusätzlich erforderlich war. Selbst dann würde es noch sehr lange dauern, sich durch die dicke Betonschicht zu stemmen, wenn ihm nicht eine bessere Arbeitsmethode einfiel. Er sprach einen alten Bekannten an, mit dem er vor einigen Jahren eine Gefängniszelle in Plötzensee geteilt und den er kürzlich wiedergetroffen hatte.

Eduard »Eddi« Gross war ein kräftiger, muskulöser Typ, der in Fachkreisen als Betonspezialist galt. Auch er war vor langer Zeit, damals gerade achtzehn Jahre alt, von Max Mikulla ausgebildet worden und war unter Schränkern für saubere Tresorarbeit bekannt. Eddi hatte auch gleich eine gute Idee, die zeigte, daß er von Beton wirklich etwas verstand. Nach ersten Stemmversuchen war er der Meinung, daß hier mit einem Meißel, auch wenn der Stahl noch so gut gehärtet ist, nichts zu machen sei. Er war stattdessen dafür, vom Hausflur aus ein Elektrokabel anzuzapfen, um eine langsam drehende Schleifhexe zu benutzen, die die Arbeit erleichtern würde.

Gearbeitet wurde nun in drei, manchmal auch vier Nächten in der Woche. Eddis Vorschlag mit der Schleifmaschine erwies sich als vorteilhaft – mit der Einschränkung, daß der feine Staub das Atmen unter dem Arbeitszelt noch schwieriger machte. Die Stahlarmierung im Beton zertennten sie sorgsam mit dem Schweißgerät, was die Luft in dem fensterlosen Kabuff noch zusätzlich belastete.

Obwohl sie nach sechs Monaten knochenharter Arbeit erst fünfzig Zentimeter der Betonschicht geschafft hatten, gab es für sie nun kein Zurück mehr. So groß auch die Anstrengungen der letzten Monate waren: jetzt, wo sie gut die Hälfte der schweißtreibenden Arbeit hinter sich hatten, lockte das Geld, das in dem großen englischen Tresor unter der Betondecke auf sie wartete und sie im wahrsten Sinne des Wortes beflügelte.

Rückschläge gab es nicht nur auf dem mühsamen Weg zum Tresor, eigentlich war das ganze Unternehmen vom Pech verfolgt. Im Mai 1951 verlor man ein weiteres wichtiges Bandenmitglied, als Erich Markgraf verhaftet wurde. Aus Geldmangel hatten Pannewitz, Gross und Markgraf den Safe eines Fleischergeschäfts am Schlesischen Tor mit dem Brenner geöffnet und geplündert. Die Beute hatte sich gelohnt, immerhin 22 000 Westmark und 26 000 Ostmark. Einige Scheine der Beute waren allerdings durch die Hitze der Brennerflamme angekokelt, worauf die Kripo die Banken alarmierte. Als Markgraf einige Tage später ein dickes Bündel, darunter einige geschwärzte Scheine, bei einer Bank im Westsektor einzahlte, verhaftete ihn die Polizei.

Gerti Mikulla hatte zwar körperlich keine schwere Arbeit zu leisten, mußte aber in all diesen Nächten stundenlang, mit wechselnden »Liebhabern«, im zugigen Durchgang Schmiere stehen, immer darauf bedacht, daß der Wachmann auch nicht einmal zu früh auftauchte. Dieser war aber offensichtlich mit einem enormen preußischen Pflichtbewußtsein ausgestattet, so daß man nach ihm die Uhr stellen konnte.

In den ersten Novembertagen des Jahres 1951 näherte sich ihr Unternehmen dem von allen herbeigesehnten Ende. Sie mußten nun besonders vorsichtig vorgehen, damit nicht zu früh ein kleines Loch oder ein Riß in der Decke des Tresorraums die Angestellten der Reichsbahnkasse auf etwas Ungewöhnliches hinwies, denn schon ein wenig durchrieselnder Staub konnte sie verraten. So brachen sie die Arbeiten ab, als sie noch ungefähr ein Zentimeter Betondecke vom Tresorraum trennte, um vor dem endgültigen Durchbruch noch einige Vorbereitungen zu treffen.

Bei einer letzten Zusammenkunft in Reinickendorf wurde jede nur denkbare Kleinigkeit für ihr Untertauchen mit der Beute abgesprochen. Es war vereinbart, daß am folgenden Wochenende das Finale in der Verkehrskasse der Deutschen Reichsbahn stattfinden sollte. Bis dahin mußten alle wichtigen oder persönlichen Dinge aus den Büroräumen der Zentralimmobilien GmbH verschwunden sein, um es der Polizei bei ihrer späteren Spurensuche so schwer wie möglich zu machen.

Erich Markgraf hatte schon vor seiner Verhaftung einen Kellerraum in der Klosterstraße als Lagerraum angemietet, wohin sich alle Beteiligten, zusammen mit der Beute sowie dem Einbruchswerkzeug, unmittelbar nach Verlassen des Tatortes begeben sollten. Dort wollten sie das erbeutete Geld sofort untereinander aufteilen, um dann nach und nach unauffällig aus dem Keller zu verschwinden und sich anschließend in den Westteil der Stadt abzusetzen. Da die Polizeien beider Stadthälften nur äußerst selten Informationen austauschten, war das vermutlich der sicherste Weg. Es war abgemacht, daß mit Verlassen des Kellers in der Klosterstraße jeder seinen eigenen Weg geht, ohne den anderen von seinen zukünftigen Plänen zu erzählen. Das war als Sicherheitsmaßnahme gedacht, damit keiner über die Flucht der anderen etwas aussagen konnte – für den Fall, daß irgendjemand von der Polizei geschnappt würde. Am Samstagabend, dem 6. November 1951, war es soweit. Nach drei Stunden war der Durchbruch geschafft, und die ersten Deckenstückchen fielen nach unten in den Tresorraum. Es war vereinbart worden, daß Walter Geiss, der seine Fähigkeiten als »Schweißspezialist« schon vielfach bewiesen hatte, sich durch die Öffnung in den Tresorraum abseilen sollte. Es stellte sich aber bald heraus, daß der Durchbruch für den stämmigen Geiss zu klein war. Sogar der erheblich schlankere Pannewitz mußte sich zuvor aller Kleidung entledigen und sich nackt an einem Feuerwehrschlauch hängend nach unten zwängen.

Unten angekommen, leuchtete er mit seiner Karbidlampe den Geldschrank an, der den größten Teil des Raumes ausfüllte. Von oben wurden nun die Schläuche des Schweißbrenners heruntergelassen, die lang genug waren, um die schweren Flaschen nicht auch noch nach unten transportieren zu müssen.

Pannewitz, der zuvor auf der Tresortür mit einem Bleistift Markierungen angezeichnet hatte, zündete den Brenner an und regulierte die Flamme so lange, bis diese die richtige Färbung aufwies. Nachdem er noch eine Schutzbrille mit dunklen Gläsern aufgesetzt hatte, führte er den Brenner an die Mittelstrebe zwischen den beiden Stahltüren, um dort waagerecht den ersten Schnitt anzusetzen. Funken stoben in alle Richtungen als die bläuliche Flamme sich langsam in den dicken Stahl fraß. Pannewitz arbeitete ohne Pause, während die anderen von oben gespannt die Vorgänge im Tresorkeller verfolgten. Nach zwei Stunden schloß Pannewitz die Sauerstoffzufuhr, und die Flamme des Brenners verlosch. Alle vier Schnitte, die Schloß und Handräder umgaben, waren nun verbunden. Eddi Gross hatte einen Hammer und ein Stemmeisen an ein Seil gebunden und ließ so das

Werkzeug durch die Deckenöffnung nach unten gleiten, wo Pannewitz es in Empfang nahm. Durch dicke Lederhandschuhe vor dem heißen Stahl geschützt, hebelte Walter mit dem Brecheisen das Mittelstück heraus, das nach einigen Versuchen unter lautem Poltern zu Boden fiel. Die innenliegenden Verriegelungen ließen sich nun leicht von Hand bewegen, worauf beide Türen wie von selbst aufschwenkten und einen ersten Blick in den Tresor zuließen.

Im Inneren lagen in mehreren Fächern, dicht an dicht, verplombte Leinenbeutel, von denen jeder den Namenszug einer Berliner S-Bahnstation trug, die ihre täglichen Einnahmen so verpackt bei der Reichsbahnkasse einlieferten. Jeweils drei Leinenbeutel konnten an das Seil gebunden werden, die dann von Kremmin nach oben durch die Deckenöffnung gezogen wurden. Dort schnitt Gross die mit Geldscheinen und Hartgeldrollen gefüllten Beutel auf und schüttete sie in mitgebrachte größere Säcke um, während neben ihm Kremmin schon die nächste Ladung nach oben zog. Durch das Hartgeld war das Gewicht der Beute erheblich, und so durfte jeder Sack nur so weit gefüllt werden, daß er sich später auch noch transportieren ließ. Als die letzten Leinenbeutel oben waren, kletterte Pannewitz wieder mit Hilfe des Feuerwehrschlauchs nach oben.

Obwohl sie eher als geplant fertig geworden waren, mußten sie sich beeilen, um so schnell wie möglich den Tatort zu verlassen. Es war Sonntag Morgen kurz nach sechs Uhr. Draußen war es zum Glück noch stockfinster und menschenleer. Walter öffnete vorsichtig die Tür zum Hof und gab Gerti ein Zeichen, daß Geiss den Transporter, den er am Vorabend einige Straßen weiter abgestellt hatte, auf den Hof fahren sollte. Gemeinsam benötigten sie nur wenige Minuten, dann waren die Säcke mit der Beute sowie das Werkzeug in dem geschlossenen Transporter verstaut. Geiss saß am Steuer, während die anderen im hinteren Teil des Fahrzeuges auf den Geldsäcken saßen. Der Wagen rollte so leise wie möglich vom Hof, um nicht den Hausmeister aufzuwecken.

Nach zehn Minuten Fahrt stoppte das Fahrzeug in der Klosterstraße, wo es umgehend entladen wurde. Während Geiss den vor zwei Tagen gestohlenen Transporter einige Straßen weiter abstellte, hatten die anderen nun Gelegenheit, sich von dem Ruß und Staub ihres nächtlichen Unternehmens zu reinigen und saubere Kleidung anzuziehen. Erst als Geiss wieder zurückgekehrt war, löste sich bei den Freunden langsam die nervliche Anspannung. Fünf lange Jahre hatte Pannewitz gebraucht, um mit dem großen Coup das Ziel seiner Träume zu erreichen.

Nach einer kurzen Verschnaufpause machten sich alle gemeinsam daran, die Beute zu sortieren und zu zählen. Der Inhalt des Tresors der Reichsbahnkasse belief sich auf 1 693 625 Ostmark und 224 631 Westmark und übertraf damit alle ihre Erwartungen. Nach dem Aufteilen des Geldes, wobei auch die, die in den vergangenen Jahren an den Vorbereitungen beteiligt waren, berücksichtigt wurden, verließen sie, wie abgesprochen den Keller in der Klosterstraße, um sich in den Westsektor abzusetzen.

Die Zeitungen in Ost und West berichteten erst zwei Tage nach Entdeckung der Tat, in großen Artikeln auf der Titelseite, über diesen außergewöhnlichen Tresoreinbruch und äußerten sich bewundernd über die geniale Vorbereitung und Durchführung dieses Einbruchs. Die Kripo im Osten hatte es anfangs nicht leicht mit ihren Ermittlungen und konnte in den folgenden Wochen kaum Erfolge vorweisen. Alle Angestellten im Gebäude der Reichsbahnkasse hatte die Polizei befragt, ohne daß dabei etwas herauskam. Erst als nach einer Woche immer noch niemand bei der Zentralimmobilien GmbH anzutreffen war, erteilte der ermittelnde Staatsanwalt die Genehmigung, die Büroräume zu öffnen. Nach der Durchsuchung durch die Polizei war klar, daß die Gruppe der Täter von hier aus ihren Einbruch geplant haben mußte.

Eine alte Kriminalistenregel besagt, daß es leichter ist, ein Verbrechen zu planen und es anschließend auch erfolgreich durchzuführen, als anschließend unauffällig unterzutauchen und ein neues Leben zu beginnen. Oft führen, für Außenstehende meist unverständlich, dilettantische Fehler der ausgebufftesten Berufsverbrecher zu ihrer Verhaftung. Auch dieser spektakuläre Fall bildete da keine Ausnahme. Obwohl alle Tatbeteiligten vor ihrem Coup sich abgesprochen hatten, in Zukunft den Ostsektor zu meiden, wurden Gerti und Max Mikulla sowie Wilhelm Kremmin zwei Monate nach der Tat im Ostteil der Stadt festgenommen. Auch die West-Berliner Polizei fahndete nun mit Steckbriefen nach den verbliebenen Tatbeteiligten. Im Juni 1952 führte ein Hinweis aus Ganovenkreisen (inzwischen war eine Belohnung von 10 000 Ostmark ausgesetzt worden) zur Verhaftung von Walter Geiss.

Am 26. August 1952 endete vor der Zweiten Großen Strafkammer des Ost-Berliner Landgerichts der Prozeß gegen die im Osten verhafteten Tatbeteiligten. Die Richter verurteilten Wilhelm Kremmin zu elf Jahren Zuchthaus, den einundsiebzigjährigen Max Mikulla zu sechs Jahren Zuchthaus und seine Ehefrau Gertrut zu drei Jahren Gefängnis.

Walter Pannewitz hatte sich gleich nach der Tat nach West-Berlin abgesetzt, wo er mit falschen Papieren auf den Namen Walter Müller untertauchte. Obwohl er mehrfach seine Unterkunft gewechselt hatte, gelang es der Polizei am 7. Januar 1953, dreizehn Monate nach dem erfolgreichen Einbruch, ihn in der Schöneberger Keithstraße zu verhaften. Am 9. März 1954 begann vor der 10. Strafkammer in Moabit der Prozeß gegen den dreiundfünfzigjährigen Schränker und seine Komplizen. Walter Pannewitz wurde zu neun Jahren Zuchthaus verurteilt, die ebenfalls in Westberlin verhafteten Erich Markgraf und Eduard Gross zu jeweils sieben Jahren und Walter Geiss zu sechs Jahren. Der größte Teil der Beute, fast zwei Millionen Mark, tauchte nie wieder auf.

Walter Pannewitz wurde 1962 aus dem Zuchthaus Tegel entlassen und führte anschließend ein zurückgezogenes Leben. Der in die Berliner Kriminalgeschichte eingegangene Tresoreinbruch wurde 1989 unter dem Titel »Der Bruch« mit den Schauspielern Götz George, Rolf Hoppe und Otto Sander verfilmt.

WO LAUFEN SIE DENN?
Die wundersame Wandlung der »Mariele H«

Auf der traditionsreichen Trabrennbahn in Berlin-Mariendorf startete am 22. November 1961 die als »Mariele H« gemeldete Stute des siebenunddreißigjährigen Landwirtes und Viehhändlers Franz N. aus Altenmark im Landkreis Vilshofen. Die Stute, in Wettkreisen als »lahme Ente« und somit als krasser Außenseiter bekannt, übernahm im Eröffnungsrennen des Tages, zum großen Erstaunen des fachkundigen Publikums, gleich nach dem Start die Führung, die sie bis ins Ziel nicht mehr abgab. Auch im fünften Rennen des Tages sorgte »Mariele H« für eine faustdicke Überraschung, die ihr vor dem Rennen, bei dem sehr starke Konkurrenz mit am Start war, niemand zugetraut hätte. Auch diesmal setzte sich die Stute in elegantem Stil sofort an die Spitze und siegte souverän mit zwei Längen Vorsprung vor dem erklärten Favoriten.

Nach diesem zweiten sensationellen Erfolg wurde die Rennleitung, der die Leistungen des Pferdes aus früheren Rennen durchaus bekannt waren, mißtrauisch. Eine Überprüfung ergab, daß nicht die angemeldete »Mariele H«, sondern die wesentlich leistungsstärkere Stute »Olga« unter falschem Namen gestartet war. Auf Beschluß des Trabrenn-Vereins-Mariendorf wurde das Pferd nachträglich disqualifiziert.

Die nun eingeschaltete Polizei stellte im Verlauf ihrer Untersuchungen fest, daß der Täter bei einem Münchner Buchmacher für beide Rennen jeweils 600 DM auf den Sieg der »Mariele H« gewettet hatte. Die so erlangte Wettsumme in Höhe von 4260 DM ließ er sich über eine Mittelsperson auszahlen. Außerdem setzte der Eigner des Pferdes beim Renntag in Mariendorf am Totalisator je 10 DM bei beiden Rennen für den Einlauf sowie für den großen Einlauf. Der dabei erzielte Gewinn betrug 3002 DM.

Weitere Recherchen ergaben, daß der Viehhändler Franz N. die Stute »Mariele H« bereits Anfang November 1960 zu einem Roßschlächter in Deggendorf gebracht hatte.

Um festzustellen, ob Franz N. schon in der Vergangenheit Rennbetrügereien begangen hatte, bat die Polizei alle Rennveranstalter um Mithilfe. So wurden alle Rennen, bei denen Pferde von Franz N. gestartet waren, nachträglich überprüft. Dabei wurden mehrere Verdachtsmomente gefunden, die auf die Möglichkeit eines Betruges ähnlicher Art hindeuteten. Allerdings war nichts mehr beweisbar. Auch diese Pferde hatten ausnahmslos in der Roßschlächterei ihr Ende gefunden.

MORD IN WANNSEE-VILLA
Zwei Wachhunde im Tiefschlaf

Am 14. Mai 1963 wurde um 1 Uhr 35 über die Notrufzentrale 110 die Polizei alarmiert. Anrufer war der in Berlin-Wannsee wohnende vierundsechzigjährige Darmhändler Ernst Gleue, der einen Einbruch in seine Villa meldete, bei dem seine Ehefrau von dem Eindringling getötet worden war. Der Täter sei mit einem dunklen Personenkraftwagen – vermutlich Volkswagen – geflüchtet. Die Besatzung des wenige Minuten später eintreffenden Funkwagens sicherte den Tatort und alarmierte umgehend die Mordkommission.

In der einstöckigen Villa, die von einer größeren Gartenanlage umgeben war, lebten außer einer hochbetagten Untermieterin im Souterrain, die durch altersbedingte Schwerhörigkeit nichts von dem Vorfall mitbekommen hatte, nur der Darmhändler mit seiner einundvierzigjährigen Ehefrau Edith Gleue. Der Täter hatte eine kleine Glasscheibe in der Eingangstür eingeschlagen und diese dann mit dem innen steckenden Schlüssel geöffnet. Die im Erdgeschoß gelegenen Wohnräume waren durchwühlt worden, zwei Geldkassetten lagen aufgebrochen auf dem Fußboden. In ihnen sollten sich nach Angaben des Hausbesitzers 3800 DM befunden haben, die nun allerdings fehlten.

Die Eheleute hatten getrennte Schlafzimmer, die sich links und rechts vom Korridor in der ersten Etage des Hauses befanden. Edith Gleue lag, mit einem Nachthemd bekleidet, in ihrem Bett. Der Kopf wies auf der linken Seite mehrere Schlagverletzungen auf, die von einem sehr scharfkantigen Tatwerkzeug herrühren mußten. Die Gerichtsmediziner stellten später fest, daß der Tod durch »Schädelzertrümmerung mit folgender Hirnlähmung« herbeigeführt wurde und die Schläge die Frau mit großer Wucht getroffen hätten. Eine Tatwaffe wurde bei der Durchsuchung von Haus und Garten nicht gefunden. Die Schublade des neben dem Bett stehenden Nachtschrankes war zur Hälfte herausgezogen, Teile des Inhalts lagen verstreut auf dem Boden. Nach Angaben ihres Ehemannes fehlten mehrere wertvolle Schmuckstücke, die seine Frau immer in der Schublade aufbewahrte. An Hand der vielen Blutspritzer war ersichtlich, daß die Tat bei geöffneter Schlafzimmertür ausgeführt wurde, da auf der

Innenseite der Tür sich keine, dafür aber auf dem Korridorfußboden im Bereich der Türöffnung, mehrere Blutflecke befanden.

Das gegenüberliegende Schlafzimmer von Ernst Gleue, in dem auch die zwei Hunde der Eheleute schliefen, wurde vom Täter offensichtlich nicht betreten. Der Ehemann gab zu Protokoll, daß er gegen 1 Uhr 15 durch das Geräusch der zuschlagenden Gartentür sowie das Gebell der Hunde, eines Boxers und eines Schäferhundes, erwacht sei. Die Kriminalpolizei hatte erhebliche Zweifel an den Aussagen des Ehemanns. Sie ging davon aus, daß die Geräusche aus dem Schlafzimmer der Ehefrau, bei geöffneter Tür, lauter gewesen sein müßten, als das Zuschlagen der Gartentür, fünfundzwanzig Meter vom Haus entfernt. Ernst Gleue geriet nun selbst in Tatverdacht. In mehreren Vernehmungen verstrickte er sich in widersprüchliche Aussagen, leugnete die Tat jedoch standhaft bis zuletzt. Am 17. Mai, drei Tage nach der Tat, fand man Ernst Gleue erhängt in seiner Garage auf. Noch in seinem hinterlassenen Abschiedsbrief beschwor er »bei Gott« seine Unschuld. Erst nach seinem Tode gelang es der Kripo, Beweise für seine Täterschaft zu erbringen.

Beide Hunde waren am Tattag veterinär-medizinisch untersucht worden. Es wurde dabei festgestellt, daß ihr Gehör einwandfrei war und keine altersbedingte Schwerhörigkeit vorlag. Im Urin der Tiere wurden Rückstände eines Schlafmittels festgestellt. In den folgenden Tagen hatten größere Polizeieinheiten ein der Villa gegenüberliegendes Waldstück nach der Tatwaffe sowie den angeblich entwendeten Schmuckstücken erfolglos abgesucht. Erst nach der Ausweitung des Suchgebietes gelang es einem Schwimmtaucher, im achthundert Meter vom Tatort entfernten *Prinz-Friedrich-Leopold-Kanal* Schmuckstükke des Mordopfers zu entdecken. Diese waren vom Ehemann völlig falsch beschrieben worden und entsprachen nicht dem Wert, den er bei seiner Befragung angegeben hatte. Nach dem Schmuckfund wurde der Kanal mit einem Magnet-Bergungsschiff auf seiner gesamten Länge nach dem Tatwerkzeug abgesucht. Nach mehreren Stunden intensiver Suche förderte der Magnet ein in ein Unterhemd eingewickeltes schweres Handbeil zutage. In der Zwischenzeit war auch ein Hinweis aus der Nachbarschaft eingegangen, wonach Gleue in der Tatnacht mit einem länglichen Paket am Kanal gesehen wurde.

Weitere Ermittlungen der Mordkommission ergaben, daß der Täter die Tatwaffe bereits drei Wochen vor dem Mord in einem Charlottenburger Kaufhaus erworben hatte. Die Blutspuren am Beil entsprachen der Blutgruppe der getöteten Ehefrau. Bei Überprüfung der Zeitdarstellung des Ehemanns ergab sich eine Differenz von 105 Minuten zwischen dem Todeszeitpunkt und der Meldung des »Einbruchs« bei der Notrufzentrale. Das Fehlen von Blutspuren in den unteren Räumen der Villa bewies, daß der Täter sich nach der Tat in den oberen Räumen gereinigt hatte. Trotzdem wurden bei der Untersuchung des Bademantels, den Ernst Gleue in der Tatnacht trug, kleine Blutspritzer im Gewebe gefunden. Die Fluchtrichtung des von Gleue angegebenen »Einbrechers« entsprach genau dem Anfahrtsweg des Funkwagens, der nur wenige Minuten später am Tatort eintraf, dem jedoch auf dem Weg dahin kein einziges Fahrzeug begegnet war.

Anhand dieser Indizien gelang es der Kriminalpolizei, Ernst Gleue zweifelsfrei als Täter zu überführen, wenn auch nur postum. Das Motiv dürfte in einem jahrelang aufgestauten Haß gegenüber seiner Ehefrau sowie in der Verschuldung seines Betriebes in Höhe von 100 000 DM zu sehen sein. Im Falle eines unaufgeklärten Mordes, der nach den Versicherungsbedingungen als »Unfall« gezählt hätte, wären dem Ehemann 40 000 DM ausgezahlt worden.

Merke: Morde im engsten familiären Milieu werden in der Regel sehr schnell aufgeklärt – trotz oder gerade wegen scheinbar raffinierter Irreführungen, Vertuschungen oder Alibis.

DIE HERTIE-KNACKER
»Herzlich willkommen in Berlin, Majestät!«

Am frühen Abend des 26. Mai 1965 betraten zwei junge Männer, bekleidet mit blauen Monteuranzügen, den Hof des Warenhauses *Hertie* in der Wilmersdorfer Straße. Es war wenige Minuten vor 18 Uhr 30, also kurz vor Ladenschluß. Männer in Monteurkleidung fielen in diesen Tagen nicht auf; ein großer Teil der Gebäuderückseite des Kaufhauses war bereits seit zwei Wochen eingerüstet, und viele Handwerker waren damit beschäftigt, eine Klimaanlage in das Gebäude einzubauen.

Die beiden Männer betraten den außen angebauten Lastenaufzug und fuhren mit ihm in die oberste Etage. Dort schalteten sie den Nothebel auf »Stop« und setzten sich auf den Boden des Aufzugs. Im Inneren des Gebäudes waren die Angestellten noch dabei, die letzten Kunden zum Verlassen des Kaufhauses zu bewegen, um anschließend die Kassen abzurechnen. Nach und nach verließen die Hertie-Mitarbeiter munter plaudernd gegen 18 Uhr 45 das Kaufhaus durch den hinteren Personaleingang.

Eine Viertelstunde später traf die Kolonne einer privaten Gebäudereinigungsfirma ein, um in den nächsten zwei Stunden die Spuren des langen Einkaufstages zu beseitigen. Kurz nach einundzwanzig Uhr, das Reinigungspersonal hatte das Kaufhaus wieder verlassen, war Stille auf dem Hof des Gebäudes eingekehrt, und auch von der Wilmersdorfer Straße, die mit der Schließung der Geschäfte zu einer »Ruhezone« wird, drangen nur noch vereinzelte Geräusche.

Die beiden im Aufzug wartenden Männer fuhren mit dem Fahrstuhl wieder nach unten, um vom Hof aus auf das Baugerüst zu klettern. Bis zur fünften Etage stiegen sie empor, drückten dort ein Fenster auf, dessen Riegel nicht eingerastet war, wofür sie zuvor gesorgt hatten, und stiegen in das Innere des Warenhauses. Das Fenster gehörte zu einem kleinen Raum, in dem die Handwerker der Firma, die den Einbau der neuen Klimaanlage besorgte, sich umzogen und nach Feierabend ihr Werkzeug lagerten.

Bei den abendlichen Besuchern handelte es sich um den dreiundzwanzigjährigen Schlosser Günter Peschel aus Kreuzberg und den einundzwanzigjährigen arbeitslosen Udo Herndl aus Schöneberg. Die Täter bedienten sich aus den Werkzeugkisten der Lüftungsbauer mit allem, was sie für ihr Vorhaben benötigten. Dazu gehörte auch ein Schweißgerät samt Sauerstoff- und Azetylenflasche. Zielstrebig trugen sie das Werkzeug in die Büroräume der Geschäftsleitung in der sechsten Etage. Mit einem Brecheisen brachen sie die Tür des Kassenraumes auf, in dem der Tresor des Kaufhauses stand. Nachdem alles Werkzeug in den Raum geschafft war, begaben sie sich nun in die unteren Etagen, um »einzukaufen«.

Beide wußten genau, wonach sie suchten. Sie versorgten sich mit zwei Campingliegen, Wolldecken, einem Transistorradio, einem Wecker, einer Kaffeemaschine und dann noch aus der Lebensmittelabteilung mit allem, was man zu einem kräftigen Frühstück benötigt.

So bestückt begaben sie sich wieder nach oben, wo sie direkt vor dem Tresor die Campingliegen aufbauten, um sich anschließend bequem zur Ruhe zu betten. Die Einbrecher wollten mit dem Aufschweißen des Tresors erst bei Tageslicht beginnen, um sich nicht durch das flackernde, grelle Licht des Schneidbrenners, das in der Nacht besonders auffällt, zu verraten. Außerdem wußten beide, daß sie ausreichend Zeit hatten; der nächste Tag war Himmelfahrtstag.

Morgens um sechs Uhr klingelte der Wecker. Während Günter Peschel sofort mit den Arbeitsvorbereitungen begann, kümmerte sich Udo Herndl um das Frühstück. Aus dem Radio erklang, dem kirchlichen Feiertag angemessen, gedämpfte Musik. Um 6 Uhr 30 meldete sich der RIAS mit den Nachrichten und der anschließenden Presseschau. Ein einziges Thema beherrschte die Meldungen dieses Tages – Queen Elisabeth II. An diesem Vormittag wurde die britische Königin gemeinsam mit ihrem Gemahl Prinz Philip in Berlin zu einem Besuch erwartet.

Seit Tagen war die Polizei vollauf mit den Vorbereitungen des königlichen Besuchs beschäftigt. Die gesamte Schutzpolizei sowie achthundert Kriminalbeamte waren an diesem Himmelfahrtstag abkommandiert, um die Sicherung der Fahrtroute durch die Innenstadt zu gewährleisten. Der Wetterbericht, in den die Nachrichten mündeten, versprach passend britisches Wetter: fünfzehn Grad, Schauerbildung, wenig Sonne. Auch in der anschließenden Presseschau ging es ausschließlich um den Queen-Besuch. Für die *Berliner Morgenpost*, die mit der Überschrift »Herzlich willkommen in Berlin, Majestät!« aufmachte, war die Hauptfrage an diesem Tag, mit welcher Hutfarbe sich die britische Königin in Berlin zeigen würde.

Peschel verstand sein Handwerk mit dem Schneidbrenner. Er hatte die Flamme optimal eingestellt, so daß die Tresortür außer einem geraden Schnitt keine Rußspuren (daran unterscheidet man einen Fachmann von einem Stümper) aufwies. Nach drei Stunden Arbeit war es Peschel gelungen, ein quadratisches Stahlstück aus der

Tresortür herauszutrennen. Nun begann Herndl, die dahinterliegende, feuerabweisende Schamottschicht mit dem Meißel herauszustemmen. Zur gleichen Zeit landete das britische Königspaar auf dem Militärflughafen Gatow. RIAS übertrug live, wie Bundeskanzler Ludwig Erhard und der Regierende Bürgermeister Willy Brandt pünktlich um 10 Uhr 45 die Queen begrüßten und diese gemessenen Schrittes die angetretene britische Ehrenformation abschritt.

Als die Schamottschicht entfernt war, zeigte der Geldschrank aus dem Jahre 1926, der erst kürzlich von einer Spezialfirma modernisiert worden war, seine Schwächen. Obwohl der Tresor bei seiner Abnahme die »Güteklasse 3« erhielt, was für Versicherungen »einbruchsicher« bedeutet, fielen nach dem Entfernen der Steinplatten die beiden vierzig Jahre alten Schlösser von selbst heraus, wodurch sich nun die Tür problemlos von Hand öffnen ließ.

Wie das vor dem Tresor stehende Radio mitteilte, sah der Zeitplan des Queen-Besuchs eine Visite von 335 Minuten in Berlin vor, dann sollte die Militärmaschine wieder in Gatow starten. Als sich Elisabeth II. und der Herzog von Edinburgh in das Goldene Buch der Stadt eintrugen, schwang bei *Hertie* in der Wilmersdorfer Straße, leichter als es sich die Einbrecher vorgestellt hatten, die Tresortür auf.

Alle fünf Zwischenböden des Geldschranks waren mit Lohntüten aus bräunlichem Papier gefüllt, in denen sich die Gehälter sämtlicher Angestellten des Kaufhauses fein säuberlich abgezählt befanden (1965 wurden noch 98 Prozent der Gehälter in bar gezahlt). Am nächsten Tag sollten die Auszahlungen stattfinden.

Gegen sechzehn Uhr, nach acht Stunden harter Arbeit – unterbrochen durch kurze Kaffeepausen, hatten die Einbrecher ihr Ziel erreicht. Die Queen war mit etwas Verspätung wieder in Gatow eingetroffen, um Berlin zu verlassen. Hunderttausende von Berlinern, die die Fahrtroute säumten, hatten ihr an diesem Tag trotz des feuchten Wetters mit großer Begeisterung zugewinkt. Der Regen verstärkte sich etwas, als das königliche Paar nochmals über den roten Teppich schritt, um dann nach einem letzten Winken im wartenden Flugzeug zu verschwinden.

Peschel und Herndl begannen nun das erbeutete Geld zu zählen und zu sortieren. Das war eine langwierige Arbeit, die sich über einen Zeitraum von nochmals acht Stunden hinzog, da alles Geld aus den Lohntüten wieder herausgeschüttet und nach Scheingrössen geordnet werden mußte. Die gesamte Zeit über hatten die beiden Einbrecher Handschuhe getragen, um keine Fingerabdrücke zu hinterlassen. Das Öffnen der Lohntüten mit Handschuhen stellte sich als äußerst schwierig heraus und hätte erheblich mehr Zeit benötigt. So zog Peschel zum Öffnen der Papierumschläge die Handschuhe aus. Um trotzdem keine Fingerabdrücke zu hinterlassen, steckten sie später den ganzen Papierhaufen in eine mit Wasser gefüllte Kunststoffwanne, in der sich das Papier langsam auflöste. Die Gesamtbeute ihres Tresoreinbruchs betrug 470 000 DM.

Zwischen zwei und drei Uhr morgens verließen die Einbrecher am dritten Tag ihres Unternehmens das Hertie-Kaufhaus wieder über das Baugerüst. Vom Hof aus kletterten sie über einen Gitterzaun zu einem der benachbarten Grundstücke. Jeder von beiden trug eine lederne Reisetasche aus der Koffer- und Taschenabteilung von *Hertie* mit seinem Anteil der Beute. Da noch ein Lokal zu später (oder früher) Stunde an der Wilmersdorfer Straße geöffnet hatte, nutzten sie die Gelegenheit, um sofort mit einigen Bieren auf den Erfolg anzustoßen.

Am nächsten Tag wurde der Einbruch dreißig Minuten vor Öffnung des Warenhauses vom Geschäftsführer entdeckt. Eine fünfköpfige Sonderkommission der Berliner Kriminalpolizei begann wenig später mit ersten Ermittlungen am Tatort. Zu allererst beruhigte die Geschäftsleitung ihre verunsicherten Angestellten. Das gestohlene Geld war für den Hertie-Konzern nicht verloren, da es durch eine Versicherung abgedeckt war. In einer ersten Pressekonferenz am frühen Abend des ersten Ermittlungstages bezeichnete der Sprecher der Sonderkommission den Einbruch als »reine Generalstabsarbeit« und größten Tresoreinbruch seit vierzehn Jahren in Berlin. Damals hatte die Pannewitz-Bande den Tresor der Reichsbahnkasse Unter den Linden geknackt. Die Polizei hatte inzwischen den Fluchtweg der Täter ermittelt, die vom Hertie-Hof aus, nach Überwindung des Gitterzaunes, über ein angrenzendes Grundstück zur Sesenheimer Straße gelangt waren. Die Täter hatte ihre hohe Beute offensichtlich so zufriedengestellt, daß sie den ebenfalls im Tresor gelagerten Schmuck im Wert von 30 000 DM unangetastet ließen.

Obwohl die Einbrecher darauf bedacht waren, keine Fingerabdrücke zu hinterlassen, fanden die Spurensucher der Kriminalpolizei doch einen einzigen Fingerabdruck auf der von ihnen benutzten Kaffeemaschine. Allerdings konnte dieser auch von einem Kunden stammen.

In den nächsten Tagen verhörte die Sonderkommission nahezu fünfzig einschlägig Vorbestrafte, allerdings ohne Erfolg. Mit Hilfe einer von der Versicherung ausgesetzten Belohnung von 50 000 DM wurde die Bevölkerung um Mithilfe gebeten. Die Kripo ging davon aus, daß die Täter mit großer Wahrscheinlichkeit einen Insider als Helfer gehabt hatten, der sie mit den Gegebenheiten am Tatort vertraut gemacht haben mußte und der vermutlich auch dafür gesorgt hatte, daß das Fenster, durch das die Täter in das Kaufhaus eindrangen, an diesem Tag unverriegelt war.

Bereits am 29. Januar 1965 hatten Einbrecher schon einmal versucht, den Geldschrank bei *Hertie* aufzubrechen, waren damals aber gescheitert. Die Kripo schloß nicht aus, daß es sich um dieselben Täter handelte.

Ein Hinweis aus der Bevölkerung führte zu einer ersten Festnahme am 8. Juni. Bei dem Verdächtigen handelte es sich um den Schlosser Günter Peschel, den ein Arbeitskollege dabei beobachtet hatte, wie dieser heimlich Spezialbohrer anfertigte, die für Geldschrankeinbrüche benutzt werden konnten. Über Peschel kam dann die Kripo auch auf die Spur des einundzwanzigjährigen Udo Herndl. Beide waren gemeinsam in der Nacht zum 22. Februar 1965 bei einem Einbruch in eine Schöneberger Werkzeuggroßhandlung erwischt worden. Bis zur Gerichtsverhandlung, deren Termin noch nicht feststand, hatten sie Haftverschonung erhalten.

Beide verwickelten sich während der Vernehmung durch die Kripo in Widersprüche und konnten für die Tatzeit kein lückenloses Alibi aufweisen. Nach mehreren Stunden Verhör legte erst Udo Herndl ein komplettes Geständnis ab, und wenig später war auch Günter Peschel zur Aussage bereit. Beide gestanden auch den ersten Einbruchsversuch im Januar 1965, an dem, wie sich herausstellte, noch ein dritter Täter beteiligt war. Bei diesem Mittäter handelte es sich um den Elektriker Herbert Goerke, der als Betriebselektriker bei *Hertie* angestellt war.

Bei dem erfolgreichen Einbruch am Himmelfahrtstag war Goerke nicht mit von der Partie, er hatte aber den Tip, zusammen mit genauen Skizzen der Räumlichkeiten des Kaufhauses, geliefert. Goerke hatte auch dafür gesorgt, daß das Fenster im fünften Stock nicht verriegelt war und die Täter im richtigen Raum, wo sich auch das Werkzeug befand, landeten. Für diese wichtige Hilfe erhielt er von Peschel 2000 DM. Die beiden Haupttäter hatten geplant, sich einige Tage nach dem Einbruch mit ihren Freundinnen gemeinsam nach Brasilien abzusetzen.

Hatten nach dem Verbrechen die Medien die Arbeitsweise der dreisten Einbrecher bewundert, wurde nun nach diesem schnellen Fahndungserfolg die Arbeit der Sonderkommission gelobt. Der einzige Wermutstropfen war, daß die geständigen Täter nicht bereit waren, das Versteck des erbeuteten Geldes preiszugeben. Vor Gericht machte der Richter den Angeklagten klar, daß sie erheblich höhere Urteile zu erwarten hätten, wenn sie nicht bereit seien, das Versteck des erbeuteten Geldes zu nennen. Udo Herndl nannte daraufhin den Aufbewahrungsort seines Anteils an der Beute und erhielt eine dreijährige Freiheitsstrafe. Günter Peschel wollte als reicher Mann seine Zelle verlassen, verweigerte also die gewünschte Auskunft und wurde zu sechs Jahren Gefängnis verurteilt.

Als Günter Peschel 1971 aus dem Gefängnis entlassen wurde, war er kein reicher Mann. Die Bundesbank hatte zwischenzeitlich neue Fünfzig-Mark-Scheine herausgegeben und die Umtauschfrist für alte Banknoten war inzwischen verstrichen. Der Grund für den Banknotenwechsel war, daß die Fünfzig-Mark-Scheine wieder auf gewohntem Papier gedruckt werden sollten, da der Versuch mit nylonhaltigem Material nicht den gewünschten Erfolg gebracht hatte. Großes Pech für Peschel war auch, daß Fünfzig-Mark-Scheine zum Zeitpunkt des Bankraubs die am häufigsten benutzten »großen Scheine« waren und somit den weitaus größten Teil des Inhalts der Lohntüten ausmachten.

HALBGOTT IN WEISS
Der falsche Chefarzt

Ärzte genießen in Deutschland das fast grenzenlose Vertrauen ihrer Patienten. Um so größer ist das Entsetzen, wenn sich wieder einmal das inzwischen alte Sprichwort bewahrheitet:»Vertrauen ist gut, Kontrolle ist besser«. Der neunundvierzigjährige Dr. Walter Günther war als Chefarzt von gleich drei Berliner Kliniken eine stadtbekannte und angesehene Persönlichkeit. Der mit der Sängerin Erika Brüning verheiratete Mediziner galt als international angesehener Spezialist auf dem Gebiet der Altersheilkunde, der in allen wichtigen medizinischen Fachzeitschriften durch kompetente Beiträge glänzte. Günther, der sich selbst stets als Arzt aus Leidenschaft bezeichnete, war neben seiner medizinischen Tätigkeit auch noch Mitglied des Berliner Abgeordnetenhauses.

Als dann am 2. November 1965 sein Foto die Titelseiten fast aller Berliner Tageszeitungen füllte, da war er nur noch»der falsche Chefarzt von Berlin«. Eine Woge des Entsetzens und der Empörung schwappte über die Stadt und die bis dahin stets zufriedenen Patienten. Was war passiert?

Im Juli 1951 kam Günther erstmals nach Berlin, um sich am Neuköllner Hospital nach seiner schriftlichen Bewerbung nun persönlich vorzustellen. In seinen Bewerbungsunterlagen befand sich auch eine Bescheinigung des niedersächsischen Ministers für Arbeit und Sozialwesen, die ihm bestätigte, daß er 1943 in Prag die Bestellung als Arzt erhalten hatte. Günther bekam den Arbeitsplatz im Krankenhaus, wo er in den folgenden zwei Jahren so erfolgreich arbeitete, daß man ihn anschließend mit der Leitung des Hospitals am Mariendorfer Weg betraute.

1954 äußerte ein zuvor aus der sowjetischen Besatzungszone geflüchteter Arzt, der ebenfalls im Krankenhaus Neukölln tätig war, erste Zweifel an Günthers»Echtheit«, die er auch der Krankenhausdirektion offenbarte. Intensive Nachforschungen an der Prager Universität blieben aber ohne Erfolg, da diese sich auf Grund des schlechten politischen Klimas auch nach mehrfachen Anfragen in Schweigen hüllte. Erst 1959 fand sich ein Prager Professor der Medizin, der Günthers bestandenes Arztexamen bestätigte, woraufhin das

Krankenhaus die Nachforschungen einstellte. Zehn Jahre später, im September 1964, behauptete ein anderer Berliner Arzt, daß Günther kein Medizinstudium absolviert haben könne. Er hatte durch private Nachforschungen festgestellt, daß nach Unterlagen der Wehrmachtsauskunftsstelle Günther erst 1923 im Erzgebirge geboren wurde – und nicht, wie dieser dem Krankenhaus in seinen Bewerbungsunterlagen angegeben hatte, im Jahr 1916. Wenn es stimmen sollte, daß Günther sieben Jahre jünger als angegeben war, dann konnte er 1943 nicht sein ärztliches Staatsexamen gemacht haben. Der Beschuldigte bestritt auch diese Vorwürfe in zahlreichen Interviews äußerst energisch und nannte sie eine »Rufmord-Kampagne«. Zur Klärung der Anschuldigungen wurde nun die Tschechische Militärmission eingeschaltet. Deren Antwort ließ zwar einige Monate auf sich warten, brachte dafür aber die Aufklärung dieses außergewöhnlichen Falls.

Chefarzt Walter Günther hatte zu keiner Zeit in Prag ein Medizinstudium absolviert. Nach Abschluß der Schule war er Hitlerjugend-Führer geworden und fand anschließend Aufnahme in die SS. Nach Kriegsende wurde er von den Tschechen wegen seiner Nazivergangenheit verhaftet und zu fünfundzwanzig Jahren Straflager verurteilt. Dort arbeitete Günther als Hilfspfleger im Lagerlazarett, eine Tätigkeit, die, wie er später selber sagte, sein Interesse an der Medizin weckte. Er las nun jedes medizinische Buch, was er im Lager vorfand, und lernte vieles von dem praktizierenden Lagerarzt. Als dieser dann selbst krankheitshalber ausscheiden mußte, ernannte der Lagerkommandant kurzerhand Günther zu seinem Nachfolger.

Als neuer Lagerarzt war der erst zweiundzwanzigjährige Walter Günther außerordentlich erfolgreich. Er stellte Diagnosen, operierte alles, was »anfiel«, und amputierte sogar ein Bein – immer mit einem Fachbuch in der Hand. Nach einem Jahr im Straflager wurde er 1946 begnadigt und konnte nach Deutschland zurückkehren. Mit Hilfe einer Bescheinigung über seine Tätigkeit als Lazarettarzt gelang es Günther ohne Schwierigkeiten, eine Anstellung als Arzt in einem niedersächsischen Krankenhaus zu finden. Bei seiner Bewerbung fälschte er in allen Unterlagen das Geburtsdatum, um sich sieben Jahre älter zu machen, exakt die Zeit, die er für ein ordentliches Medizinstudium benötigt hätte.

HANS HELMCKE
Das Ende des Bordellkönigs

Am frühen Morgen des 20. August 1973, einem Sonntag, wurde an der Autobahn Hamburg Richtung Lübeck, auf einem Rastplatz zwischen Bargteheide und Bad Oldesloe, der Polizei ein Leichenfund gemeldet. Ein Autofahrer aus Düsseldorf hatte in einem Gebüsch eine bis zur Unkenntlichkeit verbrannte männliche Leiche entdeckt. Daß es sich um das Opfer eines Verbrechens handelte, war deutlich sichtbar, da dem Toten die Hände mit roten und blauen Kunststoffschnüren auf den Rücken gebunden waren. Die Ermittlungen der Hamburger Kriminalpolizei führten schon nach wenigen Stunden zu einem ersten Erfolg. So konnte der unbekannte Tote trotz der starken Verbrennungen durch seine Fingerabdrücke, die dem Bundeskriminalamt bekannt waren, identifiziert werden. Es handelte sich um den sechsundfünfzigjährigen Bordellbesitzer Hans Helmcke aus Berlin. Die Obduktion seiner Leiche ergab, daß er am Vortag vermutlich mit seiner eigenen Krawatte erdrosselt wurde, bevor man ihn mit einer brennbaren Flüssigkeit übergossen und angezündet hatte. Da der Rastplatz keine Spuren einer Verbrennung aufwies, konnte der Fundort nicht Tatort sein.

Nach BKA-Angaben handelte es sich bei dem aufgefundenen Toten um eine Berliner Unterweltgröße. So schloß die Polizei nicht aus, daß Helmcke Opfer einer gewaltsamen Auseinandersetzung zwischen Mitgliedern rivalisierender Banden aus dem Berliner und Hamburger Zuhältermilieu wurde. Eine Sonderkommission zur Bekämpfung organisierter Kriminalität, gebildet aus Berliner und Hamburger Kriminalbeamten übernahm daraufhin die Untersuchung des Mordfalls.

Der 1917 in Cuxhaven geborene Hans Helmcke war für die Berliner Polizei kein Unbekannter. Helmcke soll schon in jungen Jahren mit zwielichtigen Geschäften begonnen haben. Schwarzmarktgeschäfte in der Nachkriegszeit und die Vermittlung von Prostituierten an in Berlin stationierte amerikanische Soldaten sollen ihm erste kräftige Verdienste eingebracht haben. Nachdem er mehrfach mit der Berliner Polizei in Konflikt kam, zog es ihn in den fünfziger Jahren in die USA, um dort im Land der unbegrenzten Möglichkeiten sein Glück zu versuchen. Nach eigenen Angaben begann er in New York als Tellerwäscher und Taxifahrer, bevor er sich in Chicago als Privatdetektiv selbstständig machte. Helmcke lernte in dieser Zeit zwei hochbetagte deutschstämmige Schwestern kennen, die wie er auch in Cuxhaven geboren waren und später gemeinsam als junge Frauen in die USA auswanderten. Helmcke »kümmerte« sich um die beiden älteren Damen und um ihre Finanzen. Zum Dank setzten die Schwestern, die keine Nachkommen hatten, Helmcke als Erben in ihr Testament ein.

Als sie nach einigen Jahren starben, erbte Hans Helmcke ein siebenstelliges Vermögen, das sein Betriebskapital für die Zukunft darstellte. In Chicago ermittelte zu dieser Zeit bereits die Polizei gegen den Deutschen, da eine ehemalige Klientin Helmckes, die ihn als Privatdetektiv engagiert hatte, ihm Erpressung vorwarf. Helmcke soll mehrfach versucht haben, die Frau mit den ihm anvertrauten Geheimnissen unter Druck zu setzen. Ob es Helmckes Wunsch war, nach Deutschland zurückzukehren, oder ob seine Ausweisung aus den Vereinigten Staaten drohte, ist nicht eindeutig zu beantworten. Helmcke kehrte jedenfalls 1959 nach Berlin zurück, um hier sein ererbtes Vermögen gewinnbringend anzulegen.

Er eröffnete in der Charlottenburger Clausewitzstraße die *Pension Clausewitz*, ein stadtbekanntes Bordell, das in den folgenden Jahren mehrfach in die Schlagzeilen der Presse geriet. In diesem Halbwelt-Etablissement verkehrten neben zahlreichen Prominenten auch sehr gerne Männer der Wirtschaft und Regionalpolitiker der Stadt. So mancher Skandal, der später ausgiebig die Zeitungen beschäftigte, hatte in diesem Bordell seinen Ausgangspunkt. Auch der Schauspieler und Kabarettist Wolfgang Neuss, der unweit der *Pension Clausewitz* wohnte, schätzte deren Qualitäten und äußerte sich mehrfach über das illustre Publikum. 1965 mußte Helmcke das *Clausewitz* schließen, da die Berliner Polizei ihm neben Kuppelei im Wiederholungsfall auch Zusammenarbeit mit dem Staatssicherheitsdienst der DDR vorwarf. Mangels Beweisen mußte der Bordellbesitzer bald wieder aus der Untersuchungshaftanstalt Moabit entlassen werden. Die *Pension Clausewitz* blieb jedoch geschlossen.

Helmcke machte aber munter in dem Gewerbe weiter und eröffnete wenig später ein Spielkasino nahe dem Kurfürstendamm in der Xantener Straße 4. In dem Gebäude befand sich neben seiner Firmenzentrale das *Hotel Nobel*, das *Café Chérie* sowie der *Spielclub Nobel*. Frei nach dem Motto »alles unter einem Dach«, konnten die Gäste zuerst im Spielcasino ihr Geld verlieren, sich anschließend im *Chérie* bei einer Flasche Sekt von äußerst entgegenkommenden Damen trösten lassen, um im *Hotel Nobel* die lange Nacht zu beschließen.

Der Boß dieses ganzheitlichen Unternehmens wurde auch äußerlich seinem Ruf gerecht, wenn er sich in der Öffentlichkeit stets mit dicker Havanna-Zigarre im Mund und umgeben von zwei kräftigen Leibwächtern zeigte.

Helmcke reichte sein Berliner Bordell-Imperium aber nicht aus, er wollte auch außerhalb Berlins mitmischen. So eröffnete er ein weiteres Etablissement am Timmendorfer Strand und plante für die nähere Zukunft auch ein »Haus« in Hamburg. Die Polizei vermutete deshalb auch, daß Hamburger Konkurrenten für Helmckes Tod verantwortlich waren, um zu verhindern, daß er sich in ihren Markt drängte. Die ersten Ermittlungen der Sonderkommission ergaben, daß Helmcke am Nachmittag des 19. August Berlin verlassen hatte. Sein Mercedes 250 SE wurde auf einem Parkplatz am Flughafen gefunden, von wo Helmcke laut Passagierliste um fünfzehn Uhr nach Hamburg abflog. Auf dem Hamburger Flughafen wurde Helmcke, allein und ohne Leibwächter, zum letzten Mal lebend gesehen. Dann verlor sich seine Spur.

Alle in Frage kommenden Hamburger Konkurrenten wurden von der SoKo in den nächsten Stunden auf ihr Alibi hin überprüft – ohne Erfolg. Gegen 20 Uhr bringen zwei Polizisten Gerti B., die neununddreißigjährige Lebensgefährtin des ermordeten Bordellkönigs, in das Büro der Ermittler. Die Frau hatte ein Auto auf einer kleinen Nebenstraße außerhalb Hamburgs gegen neunzehn Uhr gestoppt und den Fahrer gebeten, sie zum nächsten Polizeirevier zu bringen.

Gerti, die seit der Eröffnung Helmckes Bordell am Timmendorfer Strand leitete, gab auf dem Revier zu Protokoll, daß sie in den frühen Morgenstunden des 19. August von zwei maskierten Männern überfallen und entführt worden war. Die Täter hatten ihr aufgelauert, als sie gegen vier Uhr den Nachtclub schließen wollte. Sie wurde gefesselt und mit einer Augenbinde versehen in einen Personenwagen gestoßen. Nach ungefähr eineinhalb Stunden endete die Fahrt. In einem Raum wurde sie von den Tätern sitzend an einen Stuhl gefesselt.

Nach ihrer Aussage war Gerti von ihren Entführern gezwungen worden, Helmcke in Berlin anzurufen und ihm mitzuteilen, daß sie sich von ihm wegen einer »Weibergeschichte« endgültig trennen will. Helmcke sollte sofort nach Hamburg kommen, damit sie über die weitere Geschäftsführung des Timmendorfer Unternehmens sprechen könnten. Sie teilte ihm ferner mit, daß er sie am Nachmittag gegen 17 Uhr in einer Wohnung auf St. Pauli treffen sollte. Nach dem Telefongespräch mit Helmcke hielten die Entführer sie noch zweiunddreißig Stunden gefangen, bevor sie mit einem Auto fortgebracht und in einem Waldstück dann freigelassen wurde. Sie irrte einige Zeit durch den Wald, bis sie eine kleine Landstraße erreichte, und den Autofahrer anhielt, der sie auf ihren Wunsch hin zur Polizei brachte.

Die Kidnapper hatten Gerti B. nur wenige Kilometer von Hamburg entfernt ausgesetzt, was die Beamten der Sonderkommission vermuten ließ, daß der Raum, in dem sie fast zwei Tage gefangen war, sich in Hamburg befand. Die Entführer und das Auto konnte sie nicht näher beschreiben, da ihr während der gesamten Zeit der Entführung die Augen verbunden waren. Nach den Aussagen von Helmckes Lebensgefährtin ging die Polizei nun davon aus, daß die Täter nicht unter den »hartgesottenen Profis« zu suchen waren. Die Detailkenntnisse bei der Ausführung der Entführung deuteten auf Täter, die möglicherweise zu Mitarbeitern oder Kunden des Timmendorfer Etablissements gehören konnten.

Diese Spur führte die Polizei zu Barbara Röhl, die einige Monate als Bardame in Helmckes Unternehmen gearbeitet hatte, bevor sie im Streit mit ihrem Chef den Arbeitsplatz aufgab. Im Verhör verwickelte sich Barbara Röhl in zahlreiche Widersprüche und gab bald ihre Tatbeteiligung an den Vorbereitungen der Entführung zu. Haupttäter sollten dabei ihr Ehemann, der dreißigjährige arbeitslose Uwe Röhl und dessen Freund, der vierundzwanzigjährige Bauarbeiter Franz Holzer gewesen sein. Beide wurden daraufhin von der Polizei festgenommen, und auch sie legten nach anfänglichem Leugnen ein umfassendes Geständnis ab. Das Ehepaar Röhl hatte bereits seit längerem die Entführung von Helmckes Lebensgefährtin geplant, um mit einem fingierten Anruf den sechsundfünfzigjährigen Bordellkönig nach Hamburg zu locken. Ihre Wohnung in der Mathildenstraße auf St. Pauli diente als Versteck für die Entführte. Helmcke wurde so nach Hamburg gelotst, wo er einige Stunden nach dem Anruf mit dem Flugzeug eintraf. Die ihm angegebene Adresse war ein heruntergekommenes Mietshaus auf St. Pauli, in dem nur noch wenige Wohnungen vermietet waren. Als Helmcke an der vereinbarten Wohnungstür klingelte, traf ihn von hinten ein Schlag auf den Kopf. Röhl und Holzer schoben dem Wehrlosen einen Knebel in den Mund und fesselten ihm die Handgelenke auf dem Rücken. Anschließend erwürgte Röhl das Opfer mit dessen eigener Krawatte.

Seine Leiche legten sie in eine vorbereitete Umzugskiste, die sie mit Hilfe von Röhls Ehefrau in einem zuvor gemieteten Kleintransporter verfrachteten. Während Barbara in der Wohnung die Entführte bewachte, fuhren Röhl und Holzer zu einer Brückenbaustelle an der Süderelbe. Nachdem sie die Umzugskiste mit dem Toten ausgeladen hatten, füllten sie die Kiste mit drei Säcken Eierbriketts auf, die sie extra zu diesem Zweck einen Tag zuvor gekauft hatten. Nachdem die Täter die Kiste mit Benzin übergossen und angezündet hatten, warteten sie, bis sie so weit wie möglich verbrannt war. Die bis zur Unkenntlichkeit verkohlte Leiche von Hans Helmcke fuhren sie anschließend auf den Autobahnrastplatz, wo sie später gefunden wurde. Anschließend fuhren die Täter zurück zu Röhls Wohnung, um Gerti Betke abzuholen und sie später im Wald freizulassen.

So starb Hans Helmcke nicht, wie man es bei einer Unterweltgröße seines Formats hätte annehmen können, durch die Hand eines Killers, der von einer konkurrierenden Zuhälterbande beauftragt wurde, sondern als Opfer eines heimtückischen, aber eher simplen Raubmordes. Die Beute der Täter bestand aus 1200 DM, einer goldenen Uhr und zwei Ringen, die Uwe Röhl dem Opfer vom Finger zog. Die Initiative zur Tat ging von Barbara und Uwe Röhl aus. Franz Holzer war nur bei der Ausführung des Verbrechens beteiligt, wofür er nach eigenen Aussagen fünfzig Mark als Lohn erhielt. Helmckes Lebensgefährtin erbte sein Bordell-Imperium und blieb erfolgreich im Geschäft.

GESICHERTE RENTE
Letzte Ruhe unterm Kirschbaum

Im Juli 1986 verstarb der neunundfünfzigjährige Frührentner Horst
H. an den Folgen eines fünften Herzinfarkts. Am Vortag war er mit
seinem Auto in einen leichten Verkehrsunfall verwickelt, was ihn
vermutlich so stark erregt hatte, daß er in der darauffolgenden
Nacht starb. Eine Bekannte, die Horst H. am nächsten Tag besuchen wollte, fand ihn in seinem Einfamilienhaus an der südlichen
Stadtgrenze West-Berlins. Die Polizei hatte nun die Aufgabe, die Angehörigen des Toten zu
benachrichtigen. Zu den Hinterbliebenen gehörte die Mutter des
Verstorbenen sowie seine beiden Kinder, zu denen Horst H.
nach Aussage der Bekannten aber schon seit längerer Zeit keinen Kontakt
mehr hatte. Die Adressen der Kinder entnahmen die Beamten dem
Register des Einwohnermeldeamts. Die Anschrift der Mutter des
Verstorbenen fanden sie allerdings nicht. Der letzte Eintrag im Register wies als Adresse der Mutter ein Wohnhaus in der Heinersdorfer Straße 10 in Lichterfelde aus, das allerdings vor einigen Jahren
abgerissen und durch einen Neubau ersetzt worden war. Bis zum
Abriß hatte Horst H. gemeinsam mit seiner Mutter eine kleine
Wohnung in diesem Gebäude bewohnt.

Den Kindern des Verstorbenen war der derzeitige Wohnort ihrer
Großmutter nicht genau bekannt, sie wußten nur, daß ihr Vater sie
vor einigen Jahren in einem Pflegeheim in der Nähe von München
untergebracht hatte. Seit ihrem Umzug nach Bayern hatten sie von
ihrer Großmutter nie wieder etwas gehört. Trotz großer Bemühun-
gen der nun eingeschalteten bayrischen Polizei gelang es nicht, den
Aufenthaltsort der mittlerweile fünfundachtzigjährigen Dame zu
ermitteln.

Als die Kinder einige Tage nach dem Tod ihres Vaters den Nach-
laß sichteten, fanden sie mysteriöse Spuren der verschwundenen
Großmutter. Sie entdeckten in einem Stapel aufbewahrter Briefe
mehrere Beileidsschreiben von Verwandten aus der DDR, die Horst
H. im Jahre 1982 vom »plötzlich und unerwarteten« Tod seiner
Mutter benachrichtigt hatte. Die Polizei befragte nun ehemalige
Nachbarn des Wohnhauses in der Heinersdorfer Straße 10. Einige

von ihnen konnten sich noch recht gut an die ältere, stets freundliche Frau erinnern, die dann plötzlich von einem Tag zum anderen verschwand. Auch ihnen hatte der Sohn erzählt, daß er seine Mutter aus Gesundheitsgründen in einem bayrischen Pflegeheim untergebracht hatte. An den genauen Zeitpunkt des Verschwindens konnten sich aber die meisten der Befragten nicht mehr genau erinnern, nur eine Mieterin war der Meinung, daß es etwa zu der Zeit gewesen sein müßte, wo der Sohn dieses hübsche Kirschbäumchen auf einer Rasenfläche hinter dem Haus pflanzte. Sie hatte sich damals sehr darüber gewundert, daß Horst H., der sich zuvor nie für den kleinen Garten interessiert hatte, plötzlich die Fläche umgrub, Grassaat ausbrachte und einen jungen Kirschbaum pflanzte. Hilfe der Nachbarn hatte er damals abgelehnt und kam obendrein für die Kosten auch noch selbst auf.

Nun wurde die Polizei mißtrauisch. Mit einem Spürhund untersuchte sie die kleine Grünfläche hinter dem zwischenzeitlich errichteten Neubau. Als der Hund nah dem Baum anschlug, begannen mehrere Polizisten zu graben. Zuerst mußte der in den vier zurückliegenden Jahren kräftig in die Höhe geschossene Kirschbaum dran glauben, der den Mietern in den letzten Jahren so viel Freude mit seinen wohlschmeckenden Früchten bereitet hatte. In nur neunzig Zentimeter Tiefe entdeckten die Polizisten ein menschliches Skelett in sitzender Haltung. Die geringe Tiefe des Fundes ließ auf ein äußerst hastiges Leichenbegräbnis schließen. Stoffreste bewiesen, daß der hier beigesetzte Leichnam zuvor noch in eine mit Spitzen versehene Tischdecke eingehüllt worden war. Die sterblichen Überreste landeten nun im Leichenschauhaus in der Moabiter Invalidenstraße, wo die Gerichtsmediziner anhand des Gebisses eindeutig nachwiesen, daß es sich bei dem Skelettfund um die 1901 geborene und von der Polizei gesuchte Mutter des Horst H. handelte. Die Untersuchungen ergaben ferner, daß die Frau eines natürlichen Todes gestorben war, ein Gewaltverbrechen also ausgeschlossen werden konnte.

Das Motiv für diese ungewöhnliche Beerdigung blieb noch einige Tage ein Rätsel. Dann fanden die ermittelnden Beamten auch dafür eine plausible Erklärung. Als seine Mutter 1982 im Alter von einundachtzig Jahren verstarb, befürchtete Horst H. vermutlich, daß er nun die Wohnung verlieren könnte, da diese auf den Namen der Mutter gemietet und er bei der Wohnungsbaugesellschaft nicht als Mitmieter eingetragen war – er war erst nach der Scheidung von seiner Ehefrau zur Mutter gezogen. Auch war es ihm anscheinend nicht angenehm, in Zukunft auf ihre Witwen-Pension von 1100 DM verzichten zu müssen. Um diesen Problemen zu entgehen, entschloß sich Horst H. zu einer ungewöhnlichen nächtlichen Beisetzung im Garten des Lichterfelder Wohnhauses und verschleierte erfolgreich den Tod der Mutter.

So lebte die alte Dame für die Pensionsstelle der Deutschen Bundespost weiter und der Sohn bezog ihre Rente vier Jahre lang bis zu seinem eigenen Tod. Jährlich hatte er die geforderte Lohnsteuerkarte, die vom Bezirkseinwohneramt jedem automatisch zugesandt wird, an die Behörde geschickt. Diese überwies pünktlich jeden Monat die Pension auf das Postscheckkonto der Versicherten, für das der Sohn verfügungsberechtigt war. Dieser langjährige Rentenbetrug war nur möglich, da die Pensionsstelle der Deutschen Bundespost im Unterschied zu anderen Versorgungskassen keine Lebensbescheinigungen von ihren Versicherten fordert.

EIN GENIE VOR GERICHT
Wo die Quellen munter sprudeln

Im Januar 1988 steht Gerhard F. wieder einmal in Moabit vor Gericht. Die Anklage, vorgetragen von einer jungen Staatsanwältin, wirft ihm Erschleichen von Bundes- und Landesmitteln sowie Subventionsbetrug in einundzwanzig Fällen vor. Gerhard F. ist über die Betrugsvorwürfe empört, da sich der neunundfünfzigjährige Kaufmann selbst als ganz seriös und nicht als Betrüger sieht. Der Angeklagte entnimmt seiner Aktentasche einige schon etwas abgefingerte Zeitungsausschnitte, die er wortlos auf dem Richtertisch ausbreitet. Dort steht schwarz auf weiß in dicken Überschriften: »Deutschland braucht Erfinder«, »Beängstigende Flaute bei den Patentanmeldungen«, »Rückgang bei Erfindungen schadet der deutschen Wirtschaft«.

»Zeigen Sie mir einen, der in den letzten fünf Jahren mehr Erfindungen bis zur Produktionsreife entwickelt hat«, äußert sich der Angeklagte immer noch leicht aufgebracht in Richtung Staatsanwältin. Nun versucht sein Verteidiger beruhigend auf seinen Mandanten einzuwirken, vermutlich um ihn davon abzuhalten, dem Gericht genauer zu beschreiben, um was es sich bei diesen Erfindungen handelt. Der Richter sowie auch die zu beiden Seiten sitzenden Schöffen zeigen sich aber sehr interessiert daran, etwas von diesen großen Erfindungen zu hören. Stolz und mit großen Gesten berichtet Gerhard F. nun von den siebenundachtzig patentfähigen Konstruktionen, die seine »Firmengruppe« in den letzten Jahren entwickelt hat.

Angefangen hatte alles damit, daß er sich über das ständig verdrehte Telefonkabel ärgerte und daraufhin einen Telefonschnuraufroller erfand. »Der hätte sich bestimmt gut verkaufen lassen...«, so Gerhard F., wenn nicht ein anderer seine Idee gestohlen hätte und daraufhin schon vor ihm mit diesem Produkt auf den Markt gekommen wäre. Es folgten weitere Erfindungen, so ein Schlüsselanwärmer für eingefrorene Autoschlösser und eine batteriebetriebene Gesichts-Massagemaske, »der keine Falte widerstehen kann«. »Das sind aber alles noch sehr frühe Erfindungen«, betont Gerhard F. und verweist auf die Entwicklungen des vergangenen Jahres, die »noch ausgereifter« waren.

Aus seiner Aktentasche fördert der Angeklagte zwei dreißig Zentimeter lange Metallprofile und einen runden Bolzen hervor, die er vor dem erstaunten Richter niederlegt. Auf die Frage, was das denn sei und wie er damit überhaupt durch die Sicherheitskontrollen gekommen sei, antwortet der Gefragte nur auf den ersten Teil der Frage: »Das ist eine Wegfahrsperre«. Ausführlich erklärt der stolze Erfinder den Laien, wie diese von ihm entwickelte Diebstahlssicherung für Autos hundertprozentig funktioniert, im Gegensatz zu all diesem elektronischen »Schnickschnack«, der heute in die Fahrzeuge eingebaut wird. Das von Gerhard F. entwickelte Sicherheitssystem basiert darauf, daß in jedem Personenwagen der Fahrersitz verstellbar ist und bei den meisten Fabrikaten der Sitz in einer Schiene mit mehreren Einrastvorrichtungen bewegt werden kann. Wenn bei Verlassen des Fahrzeugs der Sitz ganz nach vorne geschoben wird und der von ihm entwickelte Bolzen, versehen mit einem Einsteckschloß, den Sitz in dieser Stellung blockiert, sei es für einen Autodieb unmöglich das Fahrzeug zu stehlen. Die Frage des Richters, ob sich schon Automobilhersteller für seine Diebstahlssicherung interessiert hätten, verneint der Angeklagte und fügt erklärend hinzu, daß er damit auch vorsichtig sein müsse, bevor das Patent angemeldet ist. Und da Patentanmeldungen in Deutschland sehr teuer sind, benötige er dringend Fördermittel, die er bereits beantragt habe. »Das ist der Grund, warum sie heute wieder einmal vor Gericht stehen«, erwidert der Richter lapidar.

Im Herbst 1985 stand Gerhard F. letztmals vor Gericht. Damals wie heute warf ihm die Anklage Subventionsbetrug und Erschleichen von Bundes- und Landesmitteln vor. Das Gericht sah es in seiner Urteilsbegründung als erwiesen an, daß der Angeklagte knapp 40 000 DM an Förderungsmitteln zu Unrecht erhalten hatte. Weitere 36 000 DM hatte er außerdem mit falschen Angaben beantragt. Diese Beträge waren aber nur die Spitze des Eisberges, da das Kölner Verwaltungsgericht ihn zuvor bereits verurteilt hatte, 460 000 DM an erhaltenen Fördermitteln zurückzuzahlen. Gerhard F. hatte daraufhin einen Offenbarungseid geleistet und keinen einzigen Pfennig zurückgezahlt.

Der Richter bezeichnete in dem damaligen Verfahren seine Firma (es war eine von mehreren) als »Bastelbude« und nicht »Forschungs- und Entwicklungsabteilung«, wie der Angeklagte sie gerne nannte. Zu den Erfindungen dieser Zeit gehörte ein Triroller, womit ein Rollschuh mit drei Rädern gemeint war, der dreimal so schnell wie ein normaler Rollschuh fahren konnte und für dessen Entwicklung das Bundesministerium für Forschung und Technologie rund 100 000 DM bewilligt hatte. Der verkannte Erfinder wurde wegen Betrug zu 2700 DM Geldstrafe verurteilt. In der Urteilsbegründung wurden auch die unzulänglichen Überprüfungen durch die Subventionsgeber gerügt, die es dem Angeklagten sehr leicht machten, sich zu Unrecht aus den »Fördertöpfen« zu bedienen.

Trotz guter Vorsätze (»...so was mache ich nie wieder!«) steht er nun erneut vor Gericht. Seine »Firmengruppe« besteht zur Zeit aus drei Firmen, die alle ihren Hauptsitz in seiner Zwei-Zimmer-Wohnung haben. Inhaber und einziger Mitarbeiter ist Gerhard F., der für alle drei Unternehmen mehrfach Bundesmittel beantragt hat. Mit diesen Finanzspritzen sollen kleine und mittlere Unternehmen gefördert werden, die Geld in Entwicklung und Forschung stecken. Diese Mittel fließen auch, wenn ein produzierendes Unternehmen ein anderes beauftragt, ein Produkt weiterzuentwickeln oder etwas völlig Neues zu erfinden. So verfuhr auch Gerhard F.; er erteilte die Forschungsaufträge anderen Firmen, die allerdings wiederum ihm gehörten. Da für den Fall, daß Auftraggeber und Auftragnehmer identisch sind, keine Fördergelder vergeben werden, verschwieg der Angeklagte diesen Punkt in seinen Anträgen. Wenn man alle von ihm in den vergangenen Jahren kassierten Subventionsbeträge addiert, überschreitet die Summe problemlos die Millionengrenze.

Das einzige Produkt, das jemals von ihm produziert wurde, war ein Baumhöhenmesser, auf den der Angeklagte sichtbar stolz verweist. Dieses Gerät, »feinste Mechanikerarbeit«, erwies sich als totaler Flop. Alle anderen seiner genialen Erfindungen existieren nur als flüchtige Skizzen, wie beispielsweise eine Zeitsperre für Kühlschränke, die unkontrollierte Esser des Nachts davon abhalten soll, den Kühlschrank zu plündern.

Sein Verteidiger macht noch einen letzten Versuch, seinen Mandanten in ein besseres Licht zu rücken, indem er den unglaublichen Fleiß und Arbeitswillen des Erfinders lobend erwähnt, aber zu spät, Schöffen und Richter halten Gerhard F. für einen Betrüger, der sich seit der letzten Gerichtsverhandlung nicht gebessert hat. Sie verurteilen das verkannte Genie zu achtzehn Monaten Gefängnis, allerdings auf Bewährung.

QUELLENHINWEISE

8-Uhr-Abendblatt: 11.11.1930

Berliner Lokalanzeiger: 6.11.1930, 7.11.1930, 3.2.1931

Berliner Morgenpost: 29.5.1965, 1.6.1965, 9.6.1965, 2.11.1965, 21.8.1973, 23.8.1973, 16.7.1986, 12.2.1989

Sozialdemokrat: 12.5.1948

Bezirksamt Wedding von Berlin (Hrsg.) Abt. Bau- u. Wohnungswesen – Gartenbauamt: Stadtplätze in Wedding, Berlin 1991

Brandenburgisches Landeshauptarchiv Potsdam, Pr. Br. Rep.30 Berlin C, Tit. 198 B, No. 2059-2404, Aktentitel: Massenmörder Bruno Lüdtke

Dittrich, Joachim: Mit Cobra und Ulla durch die Berliner Gerichtssäle, Berlin 1953

Feustel, Jan: Raub und Mord im Kiez. Historische Friedrichshainer Kriminalfälle, Berlin 1996

Geist, Johann Friedrich u. Kürvers, Klaus: Das Berliner Mietshaus 1740-1862, München 1980

Goldstein, Moritz: Raubmörders Kinderstube, in: Weltbühne Heft 7, Berlin 1931

Harenberg, Bodo (Hrsg.): Die Chronik Berlins, Dortmund 1986

Heinicke, Hans Peter (Hrsg.): Berlins unheimliche Sehenswürdigkeiten, in: Der Buchzwilling Nr. 2, Berlin

Heinicke, Hans Peter (Hrsg.): Berlins heimliche Sehenswürdigkeiten, in: Der Buchzwilling Nr. 2, Berlin.

Heinicke, Hans Peter (Hrsg.): Das Kriminalmuseum, der smarte Kern der polizeihistorischen Sammlung Berlin, in: Der Buchzwilling Nr. 1, Berlin 1990

Heinrich, Wolfgang: Meister der Kriminalistik, Berlin 1955

Herrmann, Klaus: non liquet – Massenmörder Bruno Lüdke?, in: Neuköllner Pitaval, Wahre Kriminalgeschichten aus Berlin, Berlin 1994

Kühne, Volker: Gerichtsgebäude in Berlin, Berlin 1988

Kupfermann, Fred: Mata Hari, Träume und Lügen, Berlin 1992

Kurth, Peter: Anastasia, Die letzte Zarentochter, Bergisch Gladbach 1988

Landeskriminalamt Berlin: Jahresbericht 1961, 1962, 1963

Liang, Hsi-Huey: Die Berliner Polizei in der Weimarer Republik, Berlin/New York 1977

Malzacher, Werner W.: Berliner Gaunergeschichten. Aus der Unterwelt 1918-1933, Berlin 1970

Noth, Ernst Erich: Erinnerung eines Deutschen, München 1971

Oertzen, Christine von / Jäger, Gabriele: Boulevard Badstraße. Großstadtgeschichte im Berliner Norden, Berlin 1993

Pollak, Hans: Tatort Sektorengrenze, Berlin 1994

Pomplun, Kurt: Pomplun's Großes Berlin Buch, Berlin 1985

Radtke, Günter: Die Geschichten der K, Berlin 1988

Schmidt, Franz von: Vorgeführt erscheint. Erlebte Kriminalistik, Stuttgart 1955

Schwerk, Ekkehard: Die Meisterdiebe von Berlin. Die »goldenen Zwanziger« der Gebrüder Sass, Berlin 1984

Sling (Schlesinger, Paul): Der Fassadenkletterer vom »Kaiserhof«. Berliner Kriminalfälle aus den zwanziger Jahren, Berlin 1990

Tucholsky, Kurt: Weltbild nach intensiver Zeitungslektüre, in: Weltbühne vom 14.4.1931, Berlin 1931

Carl-Peter Steinmann, 1946 in Lerbeck/Westfalen geboren, in Berlin aufgewachsen. Studium der Elektrotechnik und Gründung eines Verlags für Tonproduktionen. Zusammen mit Birgit Hetmann Autor der Serie »Berlin im Ohr – Entdeckungsspaziergänge«. Organisiert und konzipiert Veranstaltungen und Touren zu historischen Themen. Lebt friedlich und ziemlich ehrlich in Berlin.